Seadove

Seadove

Seadove

Seadove

遊戲

我們的文化，都是被「玩」出來的！

的人

Written by
Johan Huizinga
〔荷〕約翰・赫伊津哈

王倩 譯

「在缺少遊戲成分的情況下，真正的文明不可能存在！
——約翰・赫伊津

橫跨語言學、神話學、哲學、文化史等學科
第一部專門研究「遊戲」的經典著作

人類社會所有的文明發展，
最早的形式都是來自「遊戲」！

遊戲，是一個陽光燦爛的世界。

前言

　　一個比現在更輕鬆愉悅的時代，一度貿然地命名我們這個人種為：Homo Sapiens（理性的人）。但隨著時間的流逝，尤其是18世紀帶著它對理性的尊崇和天真的樂觀主義精神來思考我們之後，我們逐漸意識到人類或許並不是那麼有理性的。正是因為這樣，流行的觀點又傾向於把我們這個人種稱為Homo Faber，即製造的人。儘管 faber（製造）比sapiens（理性）更符合實際情況，但作為人類的一個特別命名，製造這個詞總是不夠準確，看起來許多動物也都可以成為製造者。幸運的是，我們又找到了第三個詞，這個詞所代表的功能對人類及動物生活都很切合，並與理性、製造同樣重要——那就是遊戲（Playing）。在我看來，繼Homo Faber，以及大致處於同一水準的Homo apiens之後，Homo ludens，即遊戲的人，很快會在我們的用語裡佔有一席之地。

　　把人類活動稱為「遊戲」是古代的智慧，聽上去頗有些輕視的意味，抱持著這種想法的人不應閱讀本書。遊戲的觀念是維持社會生活及運作的一種高度重要的因素，我們有什麼理由對其視而不見呢。多年的研究後，我逐漸相信這樣的觀點——文明是在遊戲中出現並作為遊戲興起而展開

的。這一想法在我1903年的論著中就已初見端倪。1933年，我把它作為萊頓大學校長的年度講演的主題，此後還在蘇黎世、維也納和倫敦分別做了講座，倫敦那次的標題即為：「文化的遊戲成分」。東道主屢次想改為「文化中」，而每次我都堅持原標題，拒絕改為「文化中的遊戲成分」。因為我的課題不是在種種文化中指明遊戲所處的位置，而是要探討文化自身到底具備多少遊戲的特徵。現在我所做的這一漫長研究，其目的就是想全面地搞清楚文化的遊戲概念。由此，遊戲在本書中是被理解為一種文化現象而非生物學現象的。這是一種歷史性的考察，而非科學性的。

讀者從對本書的閱讀中會發現，我以下所做的與心理學的有關解釋毫無用處，儘管那些解釋也很重要。我謹慎地使用了人類學的術語和解釋，甚至在某些地方還引用人種學的事實，但是這種引用是比較客觀和保守的。讀者會發現書中沒有提及「巫魅」（mana）之類的東西，對於大眾感興趣的巫術更是幾乎未提。我的種種看法已經透過論文式的嚴肅寫作表達出來，因為人類學及其姊妹學科長期以來，忽視了遊戲概念和遊戲因素對文明的極端重要性。

當然，本書讀者不必逐字逐句地鑽研，在對待文化的一般問題時，研究者常常被迫進入到自己並未充分探索的知識領地，部分論述或許會因此而顯得粗陋。對我而言，要填滿我目前知識地圖中的空白，是一件重要的事。時不我待，要麼寫，要麼完全不寫。而我的決定是寫。

1938年6月於萊頓

目錄

第1章

遊戲這種文化現象的本質和意義

遊戲的產生比文化要早，因為在人類社會中，文化並不是提前確定好的，而我們卻不必教動物如何進行遊戲，在這方面，牠們彷彿是有天賦的。有一點毋庸置疑，人類並沒有透過文明來為遊戲的概念增加一些能夠凸顯其本質的特性。動物在進行遊戲的時候與人是相似的。我們倘若想要知道人類遊戲的特點，可以去觀察一隻狗如何嬉戲打鬧。牠們之間是講究禮儀的，建立的關係也是客氣而友好的，牠們會邀請對方參加遊戲，不會違反規則，不能去咬同伴的耳朵，或者不能用力過猛。牠們假裝表現異常憤怒。最關鍵的是牠們經由這樣的遊戲，可以有條不紊的凸顯出趣味性。像這樣的追逐打鬧還只是動物群體中最為簡單的遊戲形式。此外，還有一些形式是其發展和延伸：當著眾人，為了獲得讚賞而按照規則進行競賽或各種精彩表演。

　　經由以上的論述，我們可以得出一個結論：即便在動物群體中，遊戲的形式是非常簡單的，可是，依然不能將遊戲僅僅看作是物理學現象或心理學上的普通反應。遊戲已經超越了物理或生物學簡單的範疇。相比之下，遊戲的意義更大。簡單說來，就是遊戲更加有意思。在遊戲的過程中，有一些元素「在活躍」（at play），這些元素已經超越了普通的生活需求，並且將這樣的意義賦予整個遊戲活動。因此，一切遊戲都蘊含著某種意義。假如我們將這種能夠蘊含在遊戲中的意義稱之為「本能」，未免會顯得太過簡單；如果將其解釋為「意志」或「心靈」，也不是更好的詮釋。不管怎樣，這個事實都是我們應該認真研究的，遊戲是蘊含某種意義的，並且這樣的品性並非只是物質性的。

在動物、兒童、成年人的遊戲過程中，心理學與生理學家們都對此進行了研究、描述和探討。他們想要遊戲的本質和意義進行科學的詮釋，尤其是遊戲在生活中的重要性。大家一致認為，遊戲在生活中的作用是不可忽視的，它至少對生活是有益的。這一觀點，一直被作為研究此類問題的重要基礎。透過各種不同的測試，我們發現，調查結果存在著非常大的差異。有一些研究者證明是因為生命能量過剩，需要轉換，於是引發了遊戲這種活動。

還有一些研究結果顯示：遊戲是生物本身「模擬本能」的一種反應，或者更簡單來說，就是生物休閒放鬆的一種本能。另外，一些理論強調，遊戲的設立是為了讓人們更好的從事某種工作，是一種對年輕人的訓練。相反，有些理論卻表明，遊戲是在鍛鍊一個人控制自己的能力。一些人發現，遊戲是人類發洩情緒的方式，經過合理的發洩來將多餘的能量轉化出去。另外一些人還發現遊戲是由於人們想要將自我潛能或控制欲望、競爭等願望鍛鍊成自我能力。除此之外，還有人發現遊戲是個人滿足願望的途徑、是實現個人價值的方式等。

以上各種觀點有一個共同點：它們都只是人類的設想，遊戲必定是為了達到某種「非」遊戲的目的，一定有一種生物學的意向蘊含在遊戲之中。他們都對遊戲的起源及目的具有濃厚的興趣。他們所提出的結論大多是重複而並非相悖的。在不引起思維混亂的基礎上，瞭解並接受這些觀點，並非難事，然而，想要透過這些來進一步理解遊戲的內涵，則是有些困難的。這些觀點對於這個問題的研究是片面的，只能反應其中的一些問題。如果這些問題中有一項對於遊戲的本質具有決定意義，就一定會以最

高的統治地位來排斥其他，我們也必須在這一因素的基礎上來理解遊戲的其他方面。

以上研究者中，絕大多數都是偶爾將目光鎖定在遊戲本身是什麼，或者遊戲對於參與者來說能產生什麼樣的作用。他們的出發點一般都是在經驗科學的角度上利用定量的分析來研究遊戲的本質，因此，很容易忽視遊戲本身的審美品德。對於這一品德，他們並沒有真實的體會，而是主張遠離遊戲。站在以上研究者的角度，面對這些問題，他們或許會產生這樣的質疑：「你們的解釋的確是有意義的，然而透過遊戲，人們所體會到的快樂感覺到底是什麼呢？為什麼嬰兒會愉快的笑個不停？為什麼陷入賭博中的人會難以自拔？為什麼球迷會因為球賽中的某一個環節熱血沸騰？」

對於透過遊戲而產生的這些激動和狂熱，生物學並沒有進行相應的解釋。然而，遊戲最本真的品德恰恰是存在與這樣的激動、狂熱之中的。對此，理性心理學所做出的解釋是：大自然無非是想要給生物一些有意義的活動而已，這樣的活動其實是為了將多餘的能量轉化出去，因此這些只是機械的聯繫或是運動，通過遊戲，能起到放鬆身心，鍛鍊自我能力，或者滿足個體需求等作用。然而，事實卻並非如此，大自然所賦予我們的遊戲，是一種能激發人的激情，讓人狂熱、愉悅的活動。

事實上，遊戲所能給予人類的愉悅感，反駁了所有理智的分析和充滿邏輯的解釋。遊戲的概念是不能放到物理範疇之內的。根據筆者的瞭解，在現代語言範疇內，對於遊戲的描述，沒有比「fun」更加貼切的了。同時，與此相似度最高的詞語莫過於荷蘭語「aardigkeit」（該詞源自「aard」，「aard」之意近於德語的「Art」和「Wesen」）。或許，這正表

明了在這件事上，再也無法進一步進行歸納了。對於「fun」這個詞語，我們可以忽略其最前沿的用法。奇怪的是，在法語中我們竟找不到「fun」的近義詞；德語中，想要表達這種意思，則要將「Spass」和「Witz」這兩個詞語搭配在一起。雖是這樣，它依然將遊戲的愉悅本質表現得淋漓盡致。在此，我們需要歸納出一個讓我們能清晰看見人類與動物區別的生活範疇。我們也將這一範疇稱作是總體性（totality），並用其現代意義作為主要解釋。我們應該將遊戲當做是一種總體的對象來進行研究和理解。

正是因為遊戲的本質已經超越我們所接觸到的現實範疇，因此也就無法在理性的關聯中找到它的基礎，而這樣會導致我們的研究對象只鎖定在人類的範圍內。某種特定文明的階段或對世界的看法並不會對遊戲的發生率產生重要影響。如果一個人是理性的，即使他並沒有用言語來加以描述，他也明白遊戲的本質僅僅是遊戲而已。遊戲中是不含有任何責任的。如果你願意，你可以將很多抽象的對象作為自己的責任，如美麗、善良、正義、真誠等，這些責任都是嚴肅的，而遊戲卻不具備這樣的特性。

然而，在研究遊戲的過程中，你也會更瞭解心靈，因為無論怎樣的遊戲，並非都是無足輕重的。在動物界，遊戲有時能夠超越物質生存的範疇。有些人提出這樣的觀點：促使世界運作的是一種盲目的力量，遊戲原本就是可有可無的。只有在一種情況下遊戲才具有存在的可能，那就是人類的心靈擺脫了宇宙的束縛之後。遊戲在不斷鞏固著人類超越常規邏輯的本能。動物的遊戲絕不是一種機械性的運動。因為我們在遊戲的過程中能夠感受到自己正在遊戲，所以我們也就不完全是理性的，而遊戲恰恰是受理性控制的。

我們所指的遊戲，是屬於文化範疇之內的，具有某些合理性功能的遊戲，而並不是存在於動物或少兒生活中的遊戲，我們的起始點其實就是生物學和心理學的終結點。我們發現，早在文化存在之前，遊戲就已經佔據人類生活中重要的位置了，遊戲貫穿著文化發展的始終，是從文化的起點一直蔓延到我們現階段的文明中。我們能夠發覺遊戲與「正常」生活是有所區別的，因為它所體現出來的是一種有穩定品性的特質，對於科學將這樣的品性界定為量性因素，我們可以採取忽視的態度。然而，我卻並不這麼想。這一品性在所有的活動中是有特點的，他給予我們一種叫「遊戲」的特殊活動。

我們的主題將會變成：遊戲是有意義的，是具有社會功能的。我們不應該去思考怎樣利用本能和慣性來控制遊戲，而是應該思索，怎樣將遊戲本身構建得更加多姿多彩。我們更應該帶著最初的意義來對待遊戲本身，就像參與遊戲的人一樣。假如我們認為遊戲是以特定想像為基礎的，或者是基於某一種現實的「想像物」（也就是產生聯想的轉化物），那麼我們的主要目的就將會鎖定在研究這些想像物的價值上。我們應該把重點放在遊戲本身，並且不斷發掘遊戲作為生活中的一種文化元素，是怎樣發揮作用的。

遊戲貫穿在人類各項偉大的社會創造性活動中。比如說語言，語言是人類作為交流和傳遞資訊最重要的工具。因為具有語言能力，我們可以界定、區分或闡述不同的事物。簡單來說，我們可以透過語言來為事物命名，並將其引入精神範疇之內。精神會在人類進行語言交流的過程中，不斷引發事物與心靈間的遊戲，而這種主動性的能力是讓人驚歎的。一切抽

象的描述中，都含有許多明顯的、大膽的隱喻，而這些隱喻便是一種詞語遊戲。於是，在物質世界中，人類創造出另一種第二級的世界。

下面，讓我們用神話作為案例展開討論。神話本身也是一種對世界的「想像物」或說是一種轉換，只不過，針對語言來說，神話更加複雜、精細。原始人在神話中似乎極力想將神性作為現實界的基礎。神話用瘋狂的想像最終產生了儀式，而這也正是一種喜歡想像的精神在嚴肅和幽默之間進行的遊戲活動。在原始社會中，充斥著各種祭祀、供奉或朝拜等活動，而人類之所以進行這類活動，正是因為認為我們的環境是完好存在的，而這些理解，只能是以純粹的遊戲精神為基礎的。

而當今社會，我們可以從神話或各種儀式中找到文明生活偉大的直覺力量。例如：詩歌、科學、塗鴉或藝術、秩序、法律，或用於謀取利益的商業活動。在遊戲最原生態的土壤中，很容易發現這些元素的影子。

這篇文章的主旨在於，我們並不是將文化僅僅看成是一種具有修飾作用的比喻，而是要將它看作是在遊戲的狀況下（sub specie ludi）而存在的因素。在很早以前，這樣的想法就已經存在並被很多人認同，雖然它所存在的領域是有限的，且與現在相比，是有差異的：那是在17世紀，處於世界的劇場時代。西方文學所認同的範疇中，在戲劇裡，遊戲是一種時尚。那是一個輝煌時代，從莎士比亞、卡爾德隆到拉辛，都獲得了顯著的成績。他們眼中的世界就是一個舞臺，供每個人扮演自己的角色。這是不是就說明，文明的遊戲成分是眾所周知的呢？事實並非完全如此。其實，這只是一種時尚的比喻，將生活看作是舞臺，假如我們仔細推敲，就會發現這其實是帶著濃濃的說教氣息，歸根結底也不過是當時風靡一時的新柏拉

圖主義的一種含混體現罷了。這是一種變異，主要來自於古代自負者所堅持的萬有體系。他們並不是建立在對文化和遊戲的研究基礎上，並未發現兩者是相互交叉的。然而，我們的所有觀點最終都是想要說明真正意義上純粹的遊戲為文明打造了堅實的基礎。

以一般思考問題的方式來看，嚴肅與遊戲是完全對立的。乍一看，二者的對立是絕對的，不留餘地的。然而細細觀察，才發現這樣的對立並不是固定不變的，也並非是必然。我們承認：遊戲並不具備嚴肅的特性，它是非嚴肅性的（non Seriousness）。然而，除了這個結論之外，這樣的命題並沒有表明遊戲存在任何一種穩固不變的特質，因為我們可以找到反駁它的機會。我們其實是將「遊戲是非嚴肅性的」這樣的命題換一種說法，變為「遊戲是不嚴肅的」。這樣的做法讓我們非常為難——因為很多遊戲確實帶有非嚴肅性的特質。除此以外，我們可以找出一些其他的基本範疇，大多數是和「非嚴肅性」存在相似性的，卻並非與「遊戲」相符合。比如，在一定程度上，笑聲與嚴肅性是一對反義詞，卻可以與遊戲完全沒有交集。兒童的遊戲、球賽、象棋比賽等都是在嚴肅的氛圍中完成的；遊戲者在整個過程中都不會發出任何笑聲。應該特別強調的是，在生理學範疇內，純粹的笑是只有人才具備的能力，而遊戲則是一種對於人和動物都產生意義的活動。亞里斯多德派的學者在區分人和動物的時候，將會笑的動物（animal ridens）做為人與動物的主要區別，這要比理性的人（homosapiens）更加具有說服力。

笑和滑稽的實質是相似的。滑稽屬於非嚴肅性範疇，並且與笑存在關聯——滑稽可以引發笑這種活動。然而，它卻並不是直接與遊戲產生關

聯。對於公眾或遊戲參與者而言，遊戲本身並不滑稽。雖然小動物或是兒童的遊戲有時讓我們有笑的衝動，可是兩隻狗之間的打鬧卻無法讓我們萌生笑意。如果我們對一齣鬧劇或喜劇片的評論是「滑稽」時，並不是說遊戲行為是滑稽的，只是針對當時的場景或言辭來說。雖然丑角的動作語言及引人發笑的藝術可以稱之為一種滑稽，但對於遊戲而言，卻不存在普遍的意義。

滑稽或多或少都與「蠢」這層含義擁有密不可分的聯繫。可是不管怎麼說，遊戲本身卻並不是一種愚蠢的活動。它所存在的範疇是智慧與愚蠢相對立之外的空間。中世紀晚期的一些觀點中，對遊戲和嚴肅這兩種範疇進行了詳細闡述，並且在某種程度上將愚蠢（folie）和聰慧（sense）放在對立的位置上，這種做法是不恰當的，這樣的觀點直到伊拉斯謨（Erasmus）在其《愚人頌》（Laus Stultitiae）中才得以糾正。

遊戲與嚴肅這兩組概念一直鬆鬆散散的發生著聯繫，而一些描述——笑、風趣、詼諧、遊戲、玩笑、滑稽等，都只是遊戲在某一方面存在的特徵，並且也在防止將任何描述等同於另一種。他們的意義和相互之間的聯繫一直存在我們思想的最深處。

我們越試圖將遊戲這種活動與其有明顯關聯的各種形式進行區分，越是能夠凸顯遊戲的獨立性特徵。我們不能僅僅滿足於將遊戲從一些含混的範疇對立面中獨立出來，遊戲的內涵不僅僅包含智慧與愚蠢的對立性，同樣也遠遠超越了真假善惡的對立。雖然遊戲並不存在道德功能，也並非是物質的活動，然而我們也不能唐突的分析和評估其優缺點。

既然遊戲與真、善這兩種範疇並不產生直接關聯，那麼我們是不是

能夠將遊戲放在美的範疇中進行評估呢？對此，我們並不是非常堅定。雖然將遊戲放在美的範疇中並不能對遊戲做出全面的解釋，但是我們可以確定的是，遊戲與美之間存在必然的關聯。遊戲的形式中本來就包含歡快和優雅的成分。遊戲中運動著的人體所具有的美感是在任何活動中無法達到的，更深一層的發展形式中則蘊含著韻律與和諧，這對於我們的審美感來說，是最有意義的。為了證明遊戲與美存在緊密的聯繫，我們可以找到很多證據。就算是這樣，我們依然不能說遊戲中原本就存在美的最原始因素；我們只能這樣解釋：遊戲是生活中一種重要的活動，而對於生物學、美學或邏輯的劃分卻並不是非常清晰的。與其他用來體現心靈結構或社會生活的各種思想上的形式相比，遊戲是存在獨有特性的。所以，我們在表述遊戲的特徵時，必然需要劃定相應的範圍。

　　既然我們的目的是要論證遊戲與文化之間存在何種關聯，那麼我們就不需要將遊戲所有可能的形式都做相應研究，而是僅僅將其社會跡象作為主要的觀察對象。我們可以將此表述為遊戲的較高表現形式。由於它們的特徵是明顯而多樣的，而形式上也比較清晰，因此比起兒童和小動物的初級遊戲，它們更容易被闡述清楚。而在分析最初意義的遊戲時，我們並沒有列出大量的現象來進行分析，這樣恰恰會將純粹遊戲的素質表現得更加完全。我們的研究對象將是：比賽或競賽，舞蹈或音樂、表現和展示，聚會、慶典等。我們對遊戲特徵的表述，一些適用於社會遊戲，而另一些則是針對與一般遊戲。

　　因此，最重要的是，遊戲是一種自發的、自願的活動。被強迫的活動一定不能稱之為遊戲。它充其量也只能說是遊戲的一種強制性行為。從這

個特質來看，我們就可以將自然進程與遊戲明顯的區別開來。在此，一些延伸或附加的東西就像多餘的裝飾、花或是外套一樣。很明顯，在理解自由的時候，一定要排除決定論之類的因素，而是從一個更加廣闊的範疇來分析自由的內涵。也有人反對這樣的說法，他們堅持在兒童或動物中並不存在自由，因為他們的本性驅使他們必須進行遊戲，而這樣做則可以更好的發展他們本身，促使他們更明白如何進行選擇。無論怎樣，「本能」這個因素將我們的注意力引向了未知的領域，並且暗示我們：是人類最初的渴求（petitio principii）之罪導致遊戲的發生。孩子和動物之所以進行遊戲，是出於他們喜歡遊戲的本性，他們確實可以自由選擇。

緊接著上面所探討的問題進行討論，對於成年人或能夠肩負責任的人來說，遊戲其實是一種帶有功能性的活動，他們可以通過遊戲來擺脫無聊和寂寞。除非因遊戲而產生的一些快樂感到達某一種程度，被我們需要，那麼我們會急切的進行遊戲活動，否則，遊戲就是多餘的。遊戲是可以被延遲或被隨意終止的。遊戲中並不存在一種物質需求或道德方面的責任。遊戲對於我們而言，永遠不會成為一種必要的任務。遊戲只不過是人們在無聊的業餘時間用來消遣的活動罷了。只有當我們將遊戲看作是一種文化時，它才會被納入到責任或義務的範疇，比如慶典或儀式等。

因此，我們就可以歸納出遊戲的一項重要特質：遊戲是自由的（freedom）、自主的。與此關聯密切的是遊戲的第二個特徵，那就是與其說遊戲是「真實的」或「普通的」生活，不如說遊戲是一種脫離真實生活的，具有顯著特徵的活動。孩子們一般都瞭解自己只是在進行角色扮演，或者說只是在娛樂。下面，筆者舉出一個例子來探討這樣的想法到底

在孩子們心中佔據什麼樣的位置。這個故事的提供者是一位筆者所調查的孩子的父親。這個孩子四歲了，他獨自一個人坐在一排凳子前玩「火車遊戲」，當這位父親擁抱孩子的時候，孩子卻表現的不情願。孩子說：「爸爸，不要碰我，我是一個發動機，否則火車就不像真的了。」因為遊戲帶有一種與生俱來的「裝假性」（only pretending quality）與嚴肅的事物相比，這樣的特性會給人一種低層次的感受。可是正如我們所說的，遊戲只是在模擬某一種情景，不管怎麼樣都不影響其發展為及其嚴肅的特性，遊戲本身是專注的，像是暫時癡迷其中，至少在當時並不僅僅認為那是在模擬。任何一種遊戲，都可以讓參與者深陷其中。遊戲與嚴肅性之間並沒有清晰的界限，它們的對立也並不是絕對的，遊戲讓人感覺低一個層次，同樣也會讓人感覺高一個層次，這樣的感覺就可以互相抵消。遊戲與嚴肅性之間可以是互相補充互相求助的關係。遊戲可以達到一種優美的、崇高的位置，而嚴肅性卻無法做到。對於這樣的問題，我們會在研究遊戲和儀式存在的關聯時再次進行探討。

　　幾乎所有學者都會在探討遊戲的特性時強調其非功利性。遊戲是存在於欲望和需求之外的，並不存在於真實的生活中。其實，在某種意義上來說，他把欲望的進程打斷了。它像是一個被暫時增加進來的活動，完全屬於自娛自樂。遊戲至少透過這樣的方式來向我們展現了他的內涵：遊戲起到調劑生活的作用，就像插曲一樣。總而言之，遊戲實際上是我們生活中重要的環節，達到伴奏和補充的作用，是會反覆出現在我們的生活中，修飾和擴展我們的生活。因此，它並不多餘，對於個體而言，遊戲具有生活功能。對於社會而言，因為遊戲是富有內涵的，具有某種表現價值和實

際意義，遊戲中蘊含著某種精神及協作的意義，因此，它更多的是體現了一種文化功能。遊戲的表現形式更多的是滿足了一些眾人所共有的需求。與那些嚴格的生理進程，如同營養、自我維持和再生產相比，遊戲具有自己特有的地位。這樣的結論或許會遭到很多人的反對，遊戲或性炫耀的行為，在平常生活中並不佔據重要位置，只有在交配的時候才會變成主流。然而，如果僅僅因為鳥類昂首闊步的動作及淺唱低吟的姿勢與人類相似，就無法看到一個處於純生理範疇之外的領域，那是不是太過諷刺？在我們所接觸的所有較高的形式中，不管怎樣，後者始終是屬於儀式或節日的範疇之內，即神聖的領域。

或者說，遊戲並非是多餘之物，它是屬於文化範疇的，也可以說它的確是漸漸轉化成了文化，這樣的事實是不是會將其非功利性的特點削弱呢？答案是否定的，遊戲所追求的目標是遠遠超出短期利益和個人純生理層面的需求。遊戲作為一種性質神聖的活動，自然是起到促進團體發展的作用；然而遊戲與生活必需品還是有所區別的。

在發生地點和時間上，比起「平常」的生活，遊戲還是存在一定特殊性的。這便是遊戲的第三個重要特質：遊戲具有有限性和隔離性。遊戲必須發生在一定範疇的空間內，遊戲的內涵包括自身的過程和其中的意義。

遊戲發生，然後在某一個時間內「截止」。遊戲是一個從起點到終點的過程。整個遊戲進程中，存在著各個階段：運動、發展、替換、成功、協調、離散。然而，遊戲終究還是要受到時空的限制。它還有一個讓人感到特別驚訝的特質：作為一種文化現象而存在，其形式是非常複雜的。遊戲一旦開始，其持續性就是心靈的一種創新性活動，就像一種財富一樣，

被記憶保留下來。遊戲可以被流傳，最終變成一種傳統行為。遊戲存在可重複性，不管是孩童間的遊戲，還是象棋比賽，或者是神秘儀式的間歇環節，這樣的重複其實隱藏著遊戲本身的重要特性。遊戲之所以能夠持久進行，不僅僅因為它的整體性，還因為它特殊的內在結構。幾乎任何一種高層次的遊戲，其重複性和交叉性元素，就像一個能夠編織在一起的格線。

值得思索的是時空因素對遊戲的限制。一切遊戲的進行，都需要具體的場地。無論是在理論上還是從理想中，我們總是在刻畫著這樣的一個場所。因為遊戲和慶典在形式上是相同的，因此遊戲場所與「聖地」也不存在形式上的差別。按照這樣的理論，很多場地都將成為遊戲場地，例如，牌桌、舞臺、競技場、螢幕、網球場等，這些場所都有具體的規則；比如說劃分禁地、神聖化，它們將成為進行一場活動暫時的場地。

在某一個特定的遊戲場地內，總會盛行著某一種秩序。透過這一點，我們能看出遊戲所具有的另外一個非常明顯的特質：遊戲會產生秩序，甚至遊戲本身就是秩序。在這個不完美且混亂的時空中，遊戲會在一定的時間內創造出一種暫時的完美。遊戲的秩序是嚴格的，是完全的，一旦有破損之處，就會遭遇失敗，使原本有趣的遊戲變得索然無味。我們能夠看到，遊戲似乎在審美領域佔有相當重要的地位，它與秩序之間的親密關係是與生俱來的。遊戲有向美發展的趨勢，也許這樣的趨勢與動物界利用遊戲所發展而來的各種規則是相互呼應的。我們用來闡述遊戲這一特質的語言，多數屬於美學的範疇。有很多詞語可以用來表示美的影響力：平靜、跌宕、緊張、排斥等，我們也會用這樣的詞語來描述遊戲本身。遊戲是讓人著迷的，讓人留戀的，我們可以從遊戲中體會到物質能夠給我們最高貴

的感受：韻律和和諧。

上文中所說到的遊戲中存在令人緊張的元素，而這些都是至關重要的。緊張代表著疑惑、不確定、機會等，表明我們試圖堅決的去努力奮鬥。遊戲參與者試圖展示某些特質，他會竭盡全力的贏得勝利：孩子在搶奪玩具，兒童拍皮球的時候沿著直線走……這些都是想要克服困難，取得成功，達到緊張狀態的例子。正如我們所認為的，遊戲就是一種緊張狀態，而這樣的衝突和體會引發參與者發揮自己的能力。例如，積木、紙牌、拼圖遊戲、猜謎遊戲等，遊戲中大多數都存在一種對峙的感覺。眾所周知，賭博和田徑比賽是讓人緊張的。所以，遊戲的意義已經不能用好與壞來界定，因為含有緊張的成分，所以遊戲存在一種倫理上的價值。遊戲起到測試參與者心性的作用，可以真實的反應參與者的信念、信心和勇氣。最後提到的一點，並非無關緊要的是遊戲者精神層面的力量，也就是遊戲者的素質，因為就算他再想要獲得成功，他也不能破壞遊戲規則。

遊戲的規則，對於遊戲本身的含義是具有重要意義的。任何遊戲都是存在一定規則的。這些規則決定著遊戲者在一定時間內必須遵循的東西。比賽規則是不能夠被觸犯的。保羅・瓦勒里（Paul Valery）曾經提出一種思想觀念，是非常具有說服力的，他說：「在遊戲規則的領地中，不存在懷疑主義，因為遊戲規則是一種毋庸置疑的真理。」其實，如果遊戲規則被打破，遊戲也就不存在任何意義了。當裁判一聲哨響，宣告比賽結束的時候，「真實」的生活又開始運行了。

打破或蔑視規則的參與者是「遊戲的破壞者」，比起破壞遊戲規則的人，那些弄虛作假的人存在一定的特殊性。他們並不是真的想要參加遊

戲，從表面上看，他們似乎知道這只是一種虛幻的場所。讓我們感到震驚的是，我們對弄虛作假的人顯得那麼寬容，這或許是因為那些打破遊戲規則的人將遊戲世界徹底顛覆了。而被命令禁止推出遊戲的場所，就表明讓人沉迷其中的遊戲世界本身是脆弱的，是具有相對性的。這樣的做法讓遊戲的錯覺（illusion）破滅了，有一個詞非常重要，字面上理解為「遊戲之中」（in play）（與inlusio、illudere、inludere是不一樣的）。如此一來，他必定會被判出局，因為他破壞了遊戲賴以生存的元素。在兒童遊戲中，經常會出現破壞規則的現象。因為孩子的世界是單純的，他們並不會將注意力放在破壞遊戲規則的人到底是因為「不能」還是「不被允許」進入遊戲的。他們甚至說不出這兩種情況究竟有什麼不同。所以說，遵從和律己的情況並不比害怕懲罰的心理多。如果一個人破壞了規則，他們就是懦夫，因此必須被判出局。在一個氣氛非常嚴肅的場合中，弄虛作假者似乎會比破壞遊戲規則的人更容易被人原諒，對於後者，我們常常用這樣的稱謂來描述他們：叛徒、拒絕者、革新者、異端分子等。在某些情況下，打破遊戲規則的人竟然能夠按照自己的標準構建新的共同體。那些革命者、違法分子、密謀分子總是能夠進行默契的配合，並不是因為他們善良，而是他們在對待遊戲方面，在一些地方存在高度的認同感。

一般情況下，即使遊戲結束了，持有共同觀念的人也希望這種短暫的關係發展到穩定的狀態。並不是每一個小遊戲或聯誼活動都會發展成一個穩固的俱樂部組織。然而，在某些特定的情境中，很多共同的感覺都是具有非常大的魅力和影響力的。比如：「共同一部分」的感覺、共同隱退世界的感覺、一起為某件事而奮鬥的感覺等。俱樂部與遊戲之間的關係，類

似與帽子和頭。這樣的關係會不斷蔓延，這說明被我們稱為是社團、同道會或是部落等一切需要合作的組織，與遊戲共同體都是相類似的。雖然這些組織在運行的過程中也存在很多矛盾，一方面，這些都屬於穩固的社會團體，尤其是那些從古至今流傳下來的關鍵性的、莊嚴肅穆的風俗習慣；而另一方面，這些也屬於遊戲的範疇。

遊戲喜歡渲染出一種讓人好奇的神秘氣質，這樣一來，人們會將遊戲放置到一個非常特殊的位置上。就算是在童年時期，遊戲常常會被賦予一種「悄悄」去玩耍的意味。我們去玩耍，而不是「其他人」。我們的行為和外界及其他人都是沒有任何關聯的。在遊戲圈子中，我們並不會承認平常生活中所存在的法律或習慣。因為我們所處的情景不一樣，所做的事情也自然不同。我們充分理解兒童在遊戲中暫時拋棄現實的做法，而這樣的情景也存在與土著社會的某些重大的慶典儀式中。當一個人已經成年，被特定的圈子所接納，周圍的人會為他特意舉辦一場成人禮，這並不是一種皈依的表現，而是暫時脫離日常的規則罷了，這種情況下，可以暫時擺脫人與人之間的不良關係。譬如，報復心理和積怨。在更高一層的文明中依舊存在因為進行神聖遊戲而暫時脫離生活常態的情況。於此相類似的情況包括狂歡或化妝舞會之類的形式，並且在早些時候，我們縱情去做自己的喜歡做的事情，也屬於某一個階層的特有權力，這些都被順理成章的稱為年輕人的狂放不羈，最終被歸結到「聯歡」的範疇內。年輕人始終擁有狂歡的權利，其實在《牛津英語詞典》中是這樣界定英國大學生的聯歡（ragging）行為的：「一種對於喧囂也較為廣泛的體現，是一種沒有秩序的產物，從本質來說，是一種對學科和權威的蔑視和褻瀆。」

有一個詞語最能夠體現遊戲的特殊性和秘密性，那就是「裝扮」。這個詞語可以非常透徹的展現出遊戲非同一般的性質。一些人喬裝打扮成另外一個人，意味著另外一種存在狀態。他並不是他自己，而是另外一個人。這期間夾雜的東西有很多，比如說在童年時期遭遇的恐怖事件，一些開心的經歷，天馬行空的想像及神聖的威嚇。

　　下面，讓我們來總結一下在形式方面，遊戲有哪些特點：遊戲是一種比較自由的活動，並不是一種嚴肅的形式，它與我們平常的生活並不交織在一起，而是獨立出來。與此同時，遊戲對於參與者而言，有一種魅惑力。遊戲與物質利益是沒有關聯性的，人們無法透過遊戲來獲得某種利潤；遊戲具有穩固的規則和秩序，也是受到時空限制的，遊戲的進行會引發社會團體的形成，這些團體一般都具有一些神秘色彩，並且是經過喬裝打扮或另外的途徑來與平常的世界產生區別。

　　其實，層次較高的遊戲可能有以下兩個來源：「因為某種物質而產生競爭，或者對某種事物的外在表現。我們可以將這兩個來源統一叫做遊戲「再現」（represent）某一種競爭狀態，或者是為了追求達到某事物的最佳程度而產生的競爭現象。

　　再現的意思就是展示。它的具體含義是將某種特定的事物陳列在觀眾的面前。比如說，孔雀或火雞這兩種動物擁有多彩的羽毛，然而卻只對雌性展示，其實，這樣的行為所蘊含的含義是：將超出於尋常的東西拿出來進行炫耀，並期望激發觀眾的崇敬感。假如說鳥類在展示自己的同時還會展現優美的舞姿。那麼，人類也在用他的行為試圖超越現實生活而進入更高的層次。對於鳥類為什麼要這樣做，我們不得而知，可是我們能夠瞭

解，兒童在生活中也會出現此類問題，這些行為都是充滿想像的，他們如果試圖製造特殊的景象，則比我們所見到過的更深遠，同時也更加危險。這裡所知的無論是一個王子，一個父親，一個巫師還是一隻凶猛的老虎。孩子帶著幻想試圖將自己帶到一個脫離現實的境地。他會將自己腦海中所假定的景象當做是真實的場景。他相信自己所扮演的角色就是真的。不過，他們並不是完全喪失了生活中的常態意識。他們的想像並不是不著邊際的，並非是「真實化」（realization）的狀態。

分析完兒童的行為，現在讓我們來研究古代文化中的神聖活動，我們發現在這些「遊戲活動中」存在很多心智的因素，雖然我們很難為它下一個準確的定義。這樣的遊戲不僅僅是現實化的行為或對現實情景的模擬，更是一種帶有象徵意義的現實狀態，即一種神秘的行為。在那些脫離現實而存在的，無法接觸到的東西中，蘊含著美的成分，它們是實在的，純淨的形式。參與儀式的人往往認為透過這樣的遊戲，他們可以達到一種明顯有效的祝福作用，活動所產生的秩序是高於生活的。其實，諸如此類的「以再現形式為表象的現實化」在各個方面依舊體現著遊戲的形式特質。我們在遊戲場中所見到的各種遊戲或相關活動，意思都是「劃分出來」（staked out），這樣的玩耍類似於過節一樣，飽含著娛樂和自由的氣息。表明個體擁有自己神聖的空間，暫時脫離了現實世界，被獨立劃分出來。然而當遊戲臨近尾聲的時候，這樣的感受並不會持續多久，只不過是在表面繼續綻放獨特的光華，直到看似神聖的遊戲環節，會有一種有活力的、信心十足的、充滿秩序和運動感的感受再次出現。

我們能夠從世界各地找出這樣的案例來。在中國古代的價值觀內，跳

舞和唱歌是為了讓世界按照正當的方式運行，讓人類在自然中保持和善的態度。每一年的興盛都是依賴在這個時期內能夠正確的進行各種神聖的活動。如果沒有舉行類似的活動，大家就會顆粒無收。

慶典的意義是dromenon，意思是：「在從事某一個活動或做某一件事情。」其實是一種類似演出的行為。或者說，這樣的行為可以被稱作是一種戲劇（drama），這樣的解釋依然是指行動在舞臺上得到的再現。我們可以將其看作是一種執行或競技活動。儀式或是與儀式相類似的活動，是對宇宙和自然所發生的事情的一種再現。對於行為的確切含義，並不能用「再現」（represent）這個詞來進行完整的表達，就算是在相對寬泛的現代意義上也是不現實的。因為「representation」的含義是真正意義上的同一，是對於某種神奇事實的呈現或再現（re-presentation），而這與儀式所表達出來的類似於展現的行為所造成的結果是不相同的。所以，儀式的作用不僅僅停留在模仿的層面，它還有一個作用，是促使信徒積極的參加到這樣的神聖活動中。希臘人的觀點是：「它並不是模擬（mimetic）」。實際上，它對於活動是有一定的協調（helping out）作用。

在人類學研究範疇內，對於心理學是怎樣確定一個人的心性態度，以及怎樣透過現象來表現本質等事並不是非常關心。在心理學家看來，這樣的行為只是一種補償和替代罷了。它所承擔的是一種並不現實的戲劇性真實及再現活動目的的行為。那麼我們怎麼才能知道他們究竟是被比擬還是比擬呢？為此，人類學家所要研究的，就是在實際中某些擁有同樣信仰的人心中到底對這樣的現象有什麼樣的認知。

在此，我們所研究的問題已經涉及到宗教的核心問題：什麼是秘密儀

式和慶典的本質內容。在古代，吠陀（Vedic）神聖的儀式都是有一定理念支撐的，即慶典活動。因為慶典實際上是一種表演、展示、經紀或祭祀，這些都是真實宇宙活動的再現，它們是在祈求諸神賜予他們改變現實的力量。我們可以這樣認為：它們是在進行遊戲。當我們將這些慶典中宗教的成分忽略不計時，就可以看到其中含有遊戲的成分。

如此一來，慶典的作用主要是在體現、演出、再現，或用想像力來表現一種特定的現實狀況。他們會在一些特殊的季節性節日中，一起來慶賀大自然所給予的一切，他們會用一些自認為神聖的形式來再現季節更迭、農作物的收成、星座的起落或是動物生命的出現、延續或終止。

里奧·費羅貝尼烏斯（Leo Frobenius）曾經說過：從古代人扮演（play）自然秩序的過程可以看出：在他們的意識中，這樣的秩序彷彿是根深蒂固的。而在很久之前，就像是費羅貝尼烏斯所想的一樣，人類將動植物的生命現象進行了同化，然後漸漸想像出時空及日、月、季節的變更。這樣一來，人類在此類神聖的活動中扮演了造化的角色，創造出種種偉大的奇蹟。人類也透過這種重新整合或創造的方式，將宇宙的整個秩序再現出來。

費羅貝尼烏斯甚至經由人類扮演造化的行為，獲得了更加深層次的啟發。在他看來，這些行為也是部落或社會秩序的開端，原始社會也是透過這樣類似於遊戲的慶典活動來樹立他們的強權政治。最高統治者是太陽，因此它的權力形象就像是太陽的日常行程，在現實生活中，王者是扮演著太陽角色的，而他的命運也是和太陽所相同的，在慶典中，他註定是要被自己的民眾殺掉的。

我們先不去想如何解釋這樣的行為或尋找更有利的證據。首先讓我們來研究一下這樣的問題：我們怎樣看待這種最初的，映射自然意識的具體行為？對於這樣的心性過程我們應該持有怎樣的態度，它是以一種抽象性的對於宇宙現象的認知作為開端，而以一種在遊戲中做出各種想像的行為作為終點。

放棄了這樣的假設（這樣的假設是認為與生俱來的「遊戲的本能可以抑制消亡現象的發生」），這是多麼明智的行為。費羅貝尼烏斯說，「本能」在現實面前其實是無能為力的，它只是一種暫時性的能力。因為找到了更多的證據，他對於用「特殊目的」或「因為……所以……」這樣的語言來闡述在文化發展過程中的每一個環節是持反對態度的，同時，他也不贊成用遺留思想將這樣的言論看作是「因果迴圈定律最強烈的肆虐」或「過時了的功利主義的做法。

費羅貝尼烏斯所用來描述心性過程中的某些概念還是不夠精細。古代人雖然無法精確描述生活或自然的經驗，然而在他們的行為中卻可以看出很強的支配性（seizure）。例如，被俘獲（seized）、感到震驚或突然產生狂喜的心情。「無論是孩童還是具有創造能力的成年人，都時刻表現出一種被俘獲的狀態」，「命運所給予人的啟示往往會將人俘獲，」自然界中關於誕生和毀滅的規則對於人類的意識產生了深遠的影響，這就造成一種現象，人類會依賴於反射性行為來將自己的感受再現在具體的行為動作中。」

按照費羅貝尼烏斯的觀點，我們不得不面臨一個重要的問題，那就是心性是如何進行轉換的。人類會在這個過程中驚訝於生活或自然現象，這

種被俘獲的感覺的由來其實是那些反射性行為，就像它在詩性或藝術中的表現一樣。對於這樣的事實，雖然我們可以找到一些看似合理的解釋，然而如果我們想要將創造性想像的過程完全描述下來，那也是不現實的。這些關乎於對宇宙規則的認識進而不斷走向慶典的遊戲活動，是與審美有關的，帶有神秘色彩，並或多或少與邏輯相關，而這條心性之路卻顯得異常模糊。

費羅貝尼烏斯不止一次的用「遊戲」這一個術語來表述他對於這件事的觀點。他的表述似乎在不知不覺中竟然靠近自己所反對的立場，以及他之前所認為並非屬於遊戲的核心屬性：目的概念。之所以這樣說，是因為在他的觀點中，顯然遊戲的存在是為了再現或引起宇宙的某些行為。在這樣的論述中，我們可以看到關於準確性的元素漸漸的擴散開。對他來說，再現亦或是遊戲，在他所描述的一些被稱之為宇宙活動「所俘獲」的體會中，存在重要的raisond'être（存在理由）。可見對他而言，戲劇化作為遊戲的重要特點，顯然並非主要焦點。至少，感受或是其他形式在理論上是可以聯合在一起的。然而站在我們的立場上，卻並非這樣，我們更加注重遊戲這個形式。這些慶典遊戲比起一般意義上的孩童遊戲或動物中流行的遊戲，就算是層次再稍高一些，也並不存在不同之處。在後面兩種形式中，根本都不是因為宇宙感受和我們的表述之間存在衝突而引起的。因此，在各種形式中，兒童間的遊戲行為是遊戲最本質和純粹的形式體現。

對於上面論述的不完整性，我們可以做出一些相應的補充來對其中的困難之處做出合理解釋，旨在體現被自然「俘獲」而發展為慶典遊戲的整個過程。我們發現，在古代社會中，遊戲的表現形式存在於兒童或動物之

間。我們可以在這些遊戲中找到其所有特徵：運動、變化、秩序、緊張、韻律、癡迷等。然而在發展變化中，有很多東西摻入到遊戲當中，而我們也必須用其他的方式對其進行表述，即所謂的「自然」或「生活」之類的東西。令人驚奇的是，遊戲的詩性特徵卻沒有被消磨掉。遊戲形式和作用並非是理性的，而是無覺的獨立實體，人們只是將存在於自己意識中對於神聖秩序的看法付諸於一種最原始的，最高層次的，同時也是最輝煌的表現形式。慢慢的，人類在遊戲的意義中加入了一些神聖的內涵；於是，慶典作為一種形式被嫁接在遊戲之上；不過，最本質的東西依舊是遊戲本身。

　　若要研究人類的思想狀態，並研究存在於人類意識層面的問題，我們可以借助於心理學和哲學這兩種工具。慶典作為一種神聖的形式，是嚴肅的，那麼它的本質是否還是遊戲呢？在最開始，我們說過，一切的遊戲，無論是兒童間的還是成人的，都是存在著一種絕對意義上的嚴肅性，是不是這可以說明，神聖慶典中存在的情感與遊戲之間存在著緊密的聯繫呢？因為我們所持有的觀念並不是模糊的，是很嚴格的；因此如果想要做出結論，依舊存在著障礙。我們一直將遊戲和嚴肅性特徵放在對立面上，看來這樣做並沒有找到問題的根源。

　　讓我們將焦點放在以下的爭議中。兒童之間的遊戲，是一種特別誠摯的狀態，當然也可以用神聖來表述。然而，雖然他們知道自己的行為是在玩耍。作為一個運動員，在參加活動中也是投入了自己最真誠、最大的熱情，可是他們都知道，自己其實是在參與一種遊戲；演員在舞臺上表演的時候是完全投入的，不過，他們也能夠意識到那只是一種戲劇；小提琴演

奏者同樣能夠控制好自己的想法，雖然他們的意識一度遨遊在音樂的王國中。所以說，行動的最高形式其實是遊戲的一個重要特徵。在此，我們是不是可以將慶典的內涵進行擴展，並且將教士在慶典上的行為定義為一種遊戲呢？猛地一看，這似乎很荒唐，就算你可以假定宗教中包含這樣的因素，那也只不過是假設罷了。

　　既然我們會將巫術、神秘的慶典、儀式等最終都歸結為遊戲的概念中，那麼我們就要在措辭上特別注意。假如無限度的將遊戲概念進行擴充，我們就不僅僅是在玩文字遊戲了。可是總的來說，筆者並不贊同將慶典的特徵當做是遊戲的一種錯誤形式。慶典活動包含著我們所研究到的遊戲的核心特質，尤為突出的是慶典會將參與者引到另外一個層面的行為活動中。在這點上，遊戲和慶典是非常相似的，這是一個事實，因此柏拉圖完全接受這樣的觀點。他將神聖（sacra）歸結到遊戲的範圍內，並且對此抱有十分堅定的態度。「在我的印象中，一個人在面對一件嚴肅的事情時，態度也必須是嚴肅的。」同時他也提出《法律篇》：「最高的嚴肅性是只與神相匹配的，人類僅僅是神創造出的一種玩具罷了，對於人而言，這並不是一件壞事。這樣一來，所有的人都會按照這樣的規則來生活，並且參與到最高尚的遊戲中，因此，也會達到一種和他們所處的狀態有明顯區別的意境中。人類的印象中，戰爭是嚴肅的，雖然戰爭並不含有任何遊戲的成分，又不含有任何可以稱之為遊戲的文化，然而對於這樣的事情，我們所持有的態度卻一定是嚴肅的。所以，生活中所有的事情理應和善。那麼，生活的真諦是什麼呢？生活就應該像遊戲一樣，我們都在參與某一種遊戲，唱歌、舞蹈，每個人也能夠從中找到一些慰藉，能夠鞏固自己的

地位，打擊敵人，最終贏得勝利。」

　　遊戲是具有神秘性的，從羅曼諾‧瓜爾迪尼（Romano Guardini）所著的《禮拜儀式的精神》（The Spirit of thd Liturgy, Ecclesia OransI, Freiburg, 1922）中，我們可以清楚的瞭解到這一點。尤其是在一篇題為〈作為遊戲的禮拜儀式〉的文章中。他沒有用柏拉圖的敘述方式，但意思與其如出一轍。在他看來，禮拜儀式不僅是特質，而是遊戲的特徵。其中最明顯的是，禮儀儀式是「zwecklos aberdochsinnvoll」，含義為無確定指向，卻很有價值。

　　因為對柏拉圖和遊戲的認同，並不是因為將後者看做遊戲就汙損了它，而是將遊戲提升到宗教的高度。我們開始時就說：遊戲比文化先出現，在某種程度上，他比文化優越。我們可以用低於嚴肅的態度來進行遊戲，就像孩子一樣，可是我們也可以高於嚴肅，比如在美和神聖的領域內。基於這樣的觀點，讓我們更深入的研究慶典和遊戲的關係。對於二者的相似我們不必驚訝，我們所關注的是二者的關係有多深？

　　研究表明，與生活所存在的空間隔離是遊戲的最顯著特徵。遊戲預示著一個密閉空間的存在，無論是物質上還是觀念上，都是從日常生活中摘取的。在這個空間內按照規則進行遊戲。同理，聖地的產生也是這類活動的最原始特徵。對慶典來說，除了時空還需要巫術和規則。幾乎所有的類似活動都會提供一個密閉的空間，供效忠於團體或被團體接納的個人來進行活動。其中不乏占卜者、巫師及其他人員。通常這類活動體現為聖事和秘儀。

　　從形式來看，圈出特定空間用於神聖活動與遊戲是相似的。在形式

上，我們無法將賽馬場、球場、棋牌和跳房子（pavement-hopscotch），以及巫術場地分別開來。所有的聖典都是類似的，這類活動已經深入人心了。就像講邏輯的人會將文化中普遍的成分歸於「邏輯」「理性」的原因。在解釋隔絕隱居的時候，他們會認為那是保護祭祀形象的有效方式。因為在這個過程中，除了個人對環境產生的影響，靈魂也會影響環境。這些早在最開始就設立了明確目標：而費羅貝尼烏斯對此卻非常反對，在這些僧侶所計畫的炮製宗教的活動前，我們難免被捲入理性主義中。而倘若我們認為遊戲和慶典本質上是一樣的，我們就會將聖地看作是遊戲的場地，就不會受到以上理論的干擾。

假如形式上慶典和遊戲是一樣的，那麼這樣的類似是否只存在於形式上呢？讓人驚訝的是，人類學和比較宗教學對下面的事實並不感興趣：神聖的活動是用遊戲的形式來進行的，而情緒和態度是否也與遊戲相同。據筆者瞭解，就算是費羅貝尼烏斯也沒有說明此問題。

我們不必強調參與神聖活動的人都懷有一顆誠摯的心。只需強調的是，有些真誠的遊戲態度也是嚴肅的。這些遊戲中，人們都會忘記自我。這種情況僅僅是將遊戲的心態放進另一個場景中。和遊戲相關的心情不僅僅包含緊張，也有激昂。遊戲的進行需要輕浮和神迷（frivolity and ecstasy）這兩個支柱。

遊戲中的情緒會被其本性影響。「平常生活」總會在不經意間打斷遊戲進程或破壞規則從而維護自身權利，或者用冷漠的態度令遊戲精神土崩瓦解。

在神聖節日中將有怎樣的情緒呢？這類活動是在「假日」裡進行「慶

祝」，也就是神聖活動的一部分。人們聚集在場地內一起歡樂。很多形式都可以被充分理解，如聖禮、神舞、競技、表演、秘術等。或許這些活動很殘忍，或許是血腥的，會讓人恐懼。可是，其中也含有歡樂的成分。這些活動是持續性的，打亂了平常生活。不管是在希臘還是非洲宗教，在平日的慶典情緒及神聖禮儀的狂歡之間，我們始終找不到明顯區別。

匈牙利學者卡爾・克雷尼（Karl Kerenyi）出版了一本關於節慶本質的著作，這與荷蘭版本幾乎是同步的，而這與我們的議題有關。在這本書中，有很多遊戲的獨立性特徵。他提到：「在真實的精神世界中，節慶與其他事情沒有關聯。」就像很多人類學家會忽略遊戲的概念一樣，他認為節慶也是一樣。「人類放過了節慶的現象，人們對他的態度是無視它的存在。」在筆者看來，遊戲也是一樣。

而遊戲和節慶的本質是緊密相關的。二者都打亂了平常生活，都帶有歡愉成分，雖然也有特例，因為節日或許是嚴肅的。他們都被時空所限制，都帶有隨意性和規則。簡單說，二者的特徵是相同的，其中在舞蹈上最相似。根據克雷尼的觀點，年輕人的神聖節日叫玉米芯（corncobs），在他們看來，烤玉米（cornroasting）是一項神聖的活動。

克雷尼所闡述的節慶是一種自發的文化認識直接證明了他的觀點。雖然這樣，將遊戲精神和慶典聯繫在一起的做法並不能解釋所有問題。自發的遊戲帶有歡愉性，有一種意識隱藏在其中，即假裝（only pretending）。關鍵問題是這些怎樣與慶典的真誠性相協調。

如果我們僅局限在古典的聖典中，就無法判斷活動的嚴肅程度。據筆者所知，人類學者和人種學者都同意一個論斷：想要在原始的宗教慶典

中體現出歡樂，並不是不可能的。人們總覺得這是假的。詹森（Jensen）在論述土著人成年禮和割禮中清晰的描述了這樣的態度。人們對於節日時出現的精靈並不恐懼。他們會將這作為奇觀來對待。同伴在慶典上戴著面具扮演角色，隱藏婦女身份。精靈出現前，他們會用音樂來烘托氣氛，用笛聲作為祖先的聲音等。總之，詹森提到，這就像大人在孩子面前扮演聖誕老人，他們也知道那是假的。人們對婦女講述可怕傳聞，對此，新信徒會感到恐慌、癡迷和裝模作樣。其實，婦女並沒有完全當真，他們知道這些面具下是誰。當人們掀開面具，婦女同樣尖叫著逃離。詹森指出，這些是自發的恐懼感，當然也存在傳統成分。大家都是這樣做的，她們像在合唱，不能掃興（spoilsports）。

在這些活動中，想要確定到底存在怎樣的真誠度，不是那麼容易的。正如孩子發現是父母在為自己準備聖誕禮物時，不夠成熟的父親會生氣。英屬哥倫比亞的卡瓦吉特（Kwakiutal）父親為部落儀式雕刻物品時，被女孩識破，他竟然將她殺害。佩雪爾—羅斯科（Pechuël Loesche）模仿詹森的論調描述了存在於盧安果（Loango）黑人宗教情感中的不確定因素。他們對神聖義務是一種半信仰（half belief），這一論斷適合大多數宗教。不管是施巫者還是觀看者，都非常清楚；然而，由一方總是需要被隱瞞，「土著人是優秀的演員，一般很難投入其角色，就像孩子。

同樣地，他們也是好觀眾，可以從雄獅的吼聲裡體會到死亡的恐懼。雖然他知道這是假的。馬林諾夫斯基說，土著人可以感受到自身的信仰，可是他們無法表述清楚。其中需要很多術語，我們不能用死板的理論去套用，而是要進行信仰歸類。原始人在超自然能量下的行為被稱為「履行本

分」（acting up to the part）。

　　雖然當人們見到巫術或超自然現象的時候總覺得並非真實，然而權威們依舊反對他們做出如此的判斷。他們會說這些群體只是一群沒有信仰的人，想要控制輕信者。確實有這樣的觀點，不僅是旅行者這樣認為，很多土著人也是如此；而這些都不是正當的。「所有類似活動都是發源於輕信中的。如果這樣的活動難以維持，最終會導致衰敗。依筆者看來，對於成年禮或割禮的原有理解，其實表現了想要逃避的心理，對此，詹森做了合理辯駁。

　　綜上所述，筆者能明確的是原始儀式於遊戲只在一定環境中相聯繫。我們可以用遊戲來代表這些活動。更關鍵的是，我們說不清是否相信，不能確定真誠與促使相信及玩笑之間的區分，這些都只能在遊戲的範疇內進行理解。雖然在詹森看來，孩子和原始人很類似，但也存在原則性區別。他提到，當孩子面對聖誕老人時，其實在做準備，並努力尋找自己適合的方式。然而，我們所說的土著人在創造禮儀時的心態則不是這個範疇內的事。他沒有做任何準備，而是具體問題具體分析，將神秘的力量安插到所遇到的情境中。這帶有詹森的老師的意味，正應了費羅貝尼烏斯的看法。這裡出現了爭議：首先，土著人所說的「另外的東西」與孩子心中的概念是不一樣的，他誤認為那是慶典和兒童遊戲的起源。可我們明白，並不存在這樣的起源。我們的研究對象是典型的慶典綜合體，傳統材料對他來說就是傳統材料，就像孩子在做準備一樣。其次，就算我們在解釋環境、再現它的過程中忽略這樣的因素，也未必可以看清本質。這僅僅是費羅貝尼烏斯和詹森打的一個比方。我們只能看重其形象化功能，將之看做是遊戲

功能，即有趣的功能。

顯然，對遊戲本質的探求將人們的注意力引到宗教的本質和起源上。大多數信仰宗教的人都相信：當兩種事物都認同某一宗教形式的時候，如人類和動物，這就叫「象徵性一致」。而這種描述並不完美。在這種情況下，二者的本質會比實體和象徵的結合更深入。這種統一是神秘的。是二者的轉化。在巫舞中，土著人像袋鼠一樣。我們要注意自己的措辭與實際意義的統一。為了認識土著人的心理，我們將自己的意識強加給他們。不管是不是有意的，我們已經將土著人的思想移植到我們的頭腦中。我們將這種統一的關係說成是對他的真實，對我們則是遊戲。土著人認為他們與袋鼠本質一樣，而我們認為他們是在模仿扮演（playing）袋鼠。

實際上，土著人對於真實和遊戲的區別並不瞭解，他們不明白統一性、象徵等詞語。

無論我們與土著人的慶典的態度是怎樣契合，這將一直是個開放性問題。所以，我們會堅持認為那是遊戲。我們無法分辨相信和說服，並且將遊戲和神聖性概念混為一談。巴哈（Bach）的序曲或其他的悲劇都說明了這一點。將原始文化看做是遊戲，可以獲得更直接的理解，這比精密的心理學和社會學要簡單明瞭。

古代的慶典其實是神聖的遊戲，對於普遍的個體來說，它是必要的。它豐富了宇宙的洞察力及社會發展，這也正是柏拉圖所認為的遊戲：這樣的活動是在正常生活之外的，具有必要性和嚴肅性。在這一範圍內，孩童、原始人、詩人都是一樣的。他們吸引了現代人的注意，比之前的啟蒙者要強。我們可以想像一下作為藝術客體（objet d'art）的面具對於現代人

的吸引作用。我們總希望看到原始的本真。這樣的情愫可能有些矯情，但比起對18世紀印度人、土耳其人和中國人的癡迷要有內涵。現代人癡迷於遠方和異域，因此他們更能瞭解面具和裝扮的意義。而它們的社會價值也被人種學所證實。它們將常人和愛好藝術的人的審美情緒喚醒了：驚奇、神秘、美麗。就算是一個受到教育的成年人，面對面具時也會感到恐懼。我們所能體會的對面具的感受是一種審美，已經處於日常生活之上了。那是一個由陽光以外的事務統治一切的地方，我們似乎到了一個充斥著原始人、孩子和詩人的地方，在那裡到處都是遊戲。

雖然我們可以將一切關於原始慶典的東西歸結到遊戲的概念中，可是問題依然存在。宗教是如何一步步發展的呢？讓我們將目光從非洲、澳洲或美洲轉移到奧菲斯教（Orphic）和厄琉息斯（Eleusinian）的神秘教中。轉移到吠陀神聖的學識、《梨俱吠陀》的讚美詩和充滿智慧的《奧義書》中；轉移到埃及宗教關於神、人及動物基本的神秘合一性上；這些形式或實踐與宗教都是相統一的，甚至在細節上產生了驚人的相似。可是，我們可以捕捉到更加深奧的哲理，我們誤以為可以從中吸納到更加神秘的力量。其實，這與原始文化早已脫離。我們一定要清楚，我們是否可以根據這類形似而將遊戲的內涵延伸到深一層的神聖信仰中。如果我們賦予遊戲柏拉圖式的內涵，那麼就不存在任何的不敬。這正是人類所追求的最高形態，即將遊戲賦予神聖色彩，這也是宗教的目的；同時我們永遠承認神聖的神秘性特徵，堅信它是超越我們邏輯思維的，是一種高貴的表現形式。遊戲範圍內的慶典活動是一個重要因素，也從屬於神聖性範疇。

第2章

遊戲概念作為語言中的表達

當我們將一種東西定義為一種遊戲，並且試著去研究並確定「遊戲」這個詞語中所蘊含的意思時，我們一定要知道，我們所表述的觀點都是用詞語來進行描述的。科學或邏輯並不能作為詞語和觀點的根源，可以引發觀點的是在語言方面的創意。也就是說，在這個過程中會形成語言或概念性的東西。我們不會預料到，當我們用語言來對遊戲進行表述和解釋的時候，只是用到一個詞語，一個單純的意思，就像我們用語言來表述「手」和「腳」這兩個具體的部位一樣；然而事情卻不僅僅是這樣。

　　首先，讓我們關注一下最具有普遍意義的「遊戲」概念。這個概念就是現代歐洲語言中和英語詞彙中與「play」相接近的，並且稍微帶有一些不同之處的概念。我們可以用這樣的語言來概括這個概念：遊戲就是在一個特定的，穩定的空間範圍內所進行的各種自發性的活動。遊戲是有其特定目標的，在整個過程中，還伴有焦慮、快樂等不同的感受或於普通生活所不一樣的意識。如果這樣為遊戲進行定義，那就可以包含所有的孩童、成年人、動物所進行的遊戲活動。比如說對力量與技巧有所要求的遊戲，或者是對創新能力有所要求的遊戲，或者猜謎、展示等遊戲，我們可以大膽的將「遊戲」納入生活中最最基本的活動範圍之內。

　　與此同時，透過對各地語言的研究，在生活中，我們發現人們對於普遍意義上的遊戲所持的觀點並不是完全一樣的，並且也不是用同樣的一個詞語來界定。任何人都會參與遊戲活動，這些遊戲之間是存在相似性的，然而人們用於表達遊戲概念的語言卻是千差萬別的，我們的構想並不像現代歐美語言中那麼精確而廣泛。從表面意義上來說，我們或許會對一般性

改變的有效性進行質疑，而且我們會認為社會中的每一個體或團隊所指的遊戲概念僅僅是限定在他們各自所表示的單個詞語當中。在此類表述中，有一種語言成功的用一個詞語將遊戲的內涵表現出來，這是其他語言所不具備的能力，或許這讓人難以相信，但確實是事實。與此同時，比起其他文化，有一種文化用更加具體，更加全面的抽象方式將遊戲的概念表達清楚。讓人震驚的是，由於語言是高度發達的工具，因此它容納了眾多用來描述遊戲的不同詞語，因為這些詞語是不盡相同的，反而不利於將他們囊括在一個詞語中。這樣的現象在一些比較原始的語言中是經常可以見到的，對於每個不同的分支詞語，都會有對應的概念，比如梭鰻（pike）和鱔（eel），卻沒有魚（fish）這個總稱。

如此多樣性的描述讓我們堅信，在一種文化氛圍當中，對於一個平常意義上的遊戲概念，其本身是最基本且重要的，而其抽象化的特質是次要且緩慢的。因此，一個充滿魔性或聖性的形象，在具體層面上的展示是非常有意義的，據筆者所知，神話學對於這點並不關心。而諸神的出現常常是作為遊戲來進行的。在最開始，印歐語系中是沒有能夠和遊戲相對應的詞語的，從這點來看，遊戲這一概念的出現還是比較晚的，就算是在將德語作為主要語種的地區，在遊戲的命名和區分方面也擁有三種不同的劃分形式。

其實，這也不難理解，正因為人類的遊戲本能是多種多樣的，因此對於遊戲的確切表達方式也是多樣的。筆者認為，這樣的情況真實的存在於希臘語、梵語、英語和漢語中。在希臘語中，針對孩童遊戲的概念，所用的是詞尾-inda，這個音節在表情達意的過程中並不指代任何東西，只不

過是一種使詞的作用。我們無法單獨解釋-inda是什麼意思，在語言學術語的範疇內，這被稱之為非衍生詞綴。例如，以下都是諸如此類的表達：拔河——helkustinda，球戲——sphairinda，投擲遊戲——strepinda，城堡遊戲——basilinda。這個尾碼的語法特性是完全獨立的，這僅僅是一種象徵，就好比這代表遊戲的含義，而並不是其他物質。在孩童遊戲這個獨立性較強，擁有特殊象徵記號的範疇內，希臘語中有三種不同的詞語來表示一般意義上的遊戲。

首先需要明白的是，作為詞語中最常用到的，在詞源方面，它並不存在任何模糊的意味，確定的意思是指「同樣適合孩童」，然而因為它發的是重音，顯然與其他詞彙是有明顯區別的，如孩子氣的運用就不僅僅局限在兒童遊戲的範疇中。因為詞源的關係，「玩具」或「玩耍」都是特指各種遊戲，甚至包含哪些最高級別、最神聖的活動。又如在柏拉圖的《法律篇》中，我們能夠看到的一組詞語，看上去越發顯得隨和自由。相比之下，用於表達遊戲含義的其他詞語，一般都還停留在背景的層面上。真是還存在瑣碎，無價值的特點。

在我們的用詞習慣中，有一種領域是至關重要而範圍廣泛的，然而它卻存在於遊戲之下。那就是，比賽、應對和競技。而希臘語系中卻不含有這樣的意味。在希臘生活中，很多非常關鍵的領域都是透過這個概念來進行表述的。我們也可以這樣講：這個領域的運行過程中，必然存在遊戲的含義、本質和特徵。與此同時，我們一定要弄清楚在希臘語系中，競技與遊戲之間存在的語言上的區別是不是精準的。的確，「非嚴肅」成為或引人發笑的元素在這個概念中並不是非常的明顯。

除此以外，在希臘文化中，競技顯然是一種至關重要的因素，與此同時，遊戲在希臘人的日常生活中佔據了很大一部分位置。這樣的觀點其實是鮑爾克斯坦教授在對我的觀點提出異議時所做出的闡述。他說我的這種將希臘競技的起源及慶典之類的形式都歸於遊戲的行為時尤為規範的。他還提到：「在提及奧林匹克運動（games）的時候，我非常大意，竟然用拉丁語來表達競技中所存在的羅馬價值觀，這與希臘本身的價值觀是相違背的。」此外，為了證明希臘人的生活受到競爭動力的控制，他還用了許多希臘競技活動作為例子。然後，那些反對我觀點的人紛紛表明：「這些與遊戲都是不相關的東西，除非有一個人站出來說，在希臘人的價值觀中，生活就等同於遊戲本身！」

　　在某種程度上來講，這些言論的確來源於這本書，雖然對於鮑爾克斯坦教授對希臘文化所做出的確切解釋，筆者是持尊敬態度的，雖然說希臘人在區分競技和遊戲上，不僅僅使用了當地的語言，對於他們存在潛在的相似性這樣的事實，筆者依然是深信不疑的。雖然我們總是繞回到如何區分各種概念的問題上來，在此，僅僅只是為自己的論點做一些解釋。無論是希臘日常生活中所指的競技（agon），還是世界各國所指的競技，都含有與遊戲相同的特徵，正因為如此，競技的作用大多是和節慶等儀式相類似的，而這些都屬於遊戲的範疇，同樣都屬於一種文化功能。如果想要把遊戲、儀式、節慶這樣的概念明顯的區分開，顯然是不太現實的。至於在希臘中競技和遊戲中間為何會有非常明顯的區分，筆者將會在下文中做出合理的闡述。一個存在普遍適用性，可以包含所有在邏輯上同類別遊戲的定義，就像前文中所講到的，那是在語言發展晚期的產物。從古至今，希

臘中一直存在著各種神聖的或是世俗的競技，他們的價值地位都是同等重要的，這樣的結果就是人們會忽略其遊戲性的本質特徵。無論是對於何種事務，或者是在任何場合中，競技已經成為一種至關重要的文化功能，這導致在希臘人的印象中，競技是非常常見的現象。因此希臘人在描述遊戲和競技時會在語言上做出明確的區分，卻對後者中隱藏著的遊戲成分視而不見。因為在概念上存在這樣的現象，因此在語言上，這兩種含義一直沒有得到合併。

　　希臘人在描述遊戲的時候，並不僅僅用一個單一的詞語。梵語中用來描述遊戲的詞彙至少有四組詞根。最常見的用法是kridati，指的是在動物、兒童或成人之間盛行的遊戲。就像是在日爾曼語中，對於遊戲的表示方法一樣，它還包含有風或浪的運動。除了一些與遊戲相關的特別表達之外，它還可以指代跳舞、跳躍等動作。在以上詞語表示中，它的含義接近於詞根nrt，這一詞根包含了舞蹈和戲劇表演的所有範疇。另外一個詞語是divyati，最早的時候，它的意思是說擲骰子或賭博，當然也可以指代戲弄、哭泣等意味，而追根溯源，它卻是指投、拋這樣的動作；然而它與閃光、照耀卻還是有更緊密的聯繫的。而詞根las（源自vilasa）的意思卻是非常豐富的，比如：凸顯、燃起火焰、來回往返、玩耍、照耀、突然響起及「追求」某一事業（如德語的「etwas treiben」）。最後，動詞lilagati（原意是搖擺、滾、旋）及名詞lila，所含的意思是空中的、清閒的、並不耗費體力的，抑或是遊戲中毫無意義的部分。總而言之，lila就是「彷彿」「好像」的意思，這和英語中的「like」、「likeness」等詞，以及德語的「gleich」、「Gleichnis」是相同的。而gajalilaya（表面上是指：和大象遊

戲）的意思是描述一頭大象的動作或是扮演大象的角色。在所有用於表示遊戲概念的詞語裡，迅速運動的觀念常常被看作是語義學的起點，同樣也是很多語言系統中至關重要的根基。當然我們的意思並不是說在一開始，詞語就有很明顯的迅速運動的意味，而且這樣的解釋是僅僅針對於遊戲而言的。據筆者所知，在梵語體系中，像這樣的競技並不使用遊戲概念的任何詞彙來表示，更加讓我不解的是，在梵語中機會沒有用來對應競技的詞語，即便古代印度的日常生活中，這樣的競技是普遍存在的。

筆者對於中國遊戲功能表達的瞭解，要歸功於杜依溫達克教授的幫助。我們總是試圖用一個詞語來代表所有的遊戲活動，然而這樣的想法也是不現實的。有一個詞語非常重要，那就是「玩」，主要是指兒童間的遊戲活動。然而隨著範圍的擴展，它也有以下的意思：「嬉戲打鬧、嘲笑、諷刺、說笑、忙於或因為某事而歡樂。」同時，它也指代感受、檢驗、玩弄小東西、聞味道，以至於賞月等。所以，我們可以從語義表達上看出，其意思是指「站在遊戲的角度來關注某一件事」或「因為關注而產生的愉悅的感覺」。可見，這個詞語與競技、賭博或是戲劇表演擁有的含義是不同的。因為在中國詞語體系中，對於戲劇演出還有專門的表述，而這樣的表述所指的範圍就屬於「情景」、「安排」和「姿勢」之類的範圍了。在競技方面，有一個特定的字可以將其含義表達清楚：「逞」。這個詞等同於希臘語中的agon，此外，還有一個詞是組織有獎競技的意思，那就是「賽」。

有一個人要非常感謝，他是筆者在萊頓時的一個同事：烏亨貝克教授，他為了向筆者說明遊戲的概念是怎樣在原始語言中體現而舉出了很多

例子。其中有一個例子是阿爾剛金（Algonkin）部落的一種語言「黑足」（Blackfoot）。這個詞幹koani所包含的意思是指一切兒童間進行的遊戲，這與所有和遊戲稱謂相聯繫的任何名稱都是沒有關聯的。這個詞語所含的範圍是一般意義上的兒童遊戲。而那些有青年人或成人參加的遊戲就不能用koani來表示了，就算是與兒童遊戲的內容相同或相近。在另一個層面上，koani卻總是用來描述色欲方面的含義，尤其是在非法關係上，就像我們在日常生活中所指的：「調戲」（dallying）。按照習慣，kdchtsi常常用來表示組織遊戲，同時也用以表示帶有偶然性和隨機性的遊戲、力量及技巧。在此這個詞語可以被解釋為「贏得」或是「競爭」。

關於koani和kachtsi之間存在何種關係，雖然它們和希臘語是有相似之處的，然而在黑足語言用法中，這些並不是名詞而是動詞。並且，作為隨機性的遊戲，在希臘語中是名詞，而黑足語系中卻代表運動的含義。這更多的是指代一些宗教或巫術，而禮儀或舞蹈之類的意思就不會用koani和kachtsi來表達。在黑足語系中，能夠表達「贏得」含義的有兩個不同的詞語，skets或skits是僅僅限於對遊戲或運動的描述，而amots則是指取得競技、遊戲、比賽或戰爭的勝利，在這裡指的是「衝撞」或「破壞」行為，僅僅表示贏得遊戲或運動。這兩個詞囊括了所有遊戲與運動的含義，而除此之外，還有一個詞語用來表示打賭的意思：apska。這個詞語有一個非常明顯的特徵，如果想要讓詞語的含義延伸到「不嚴肅的」、「只不過是玩笑」，那麼只要在詞語前面加一個首碼就可以了，表面上的意思是指「只不過」、「僅此而已」。例如：aniu意為「他說」，kipaniu的意思就是指「他在說笑話」或是「他只不過說說而已」。

總而言之，雖然在黑足語系中，遊戲的概念並不完全等同，可是這與希臘語系中的表達性質是一樣的。

　　因此，在我們所熟悉的三種語言系統中，競技和遊戲的表達方式是有所區別的，即梵語、漢語和希臘語，而黑足在中間做出了輕微的區別性界定。那麼，我們是不是要將觀點傾向於鮑爾克斯坦教授的論述呢？也就是說，因為遊戲和競技之間在心理學、生物學和社會學範疇內的區別都是由來已久的，因此這兩個含義在語言表達上會有所不同。在這一點上，不僅僅人類會拿出各種各樣的證據來反駁，語言學也會做出同樣的舉動。在我們剛剛所提到的語言方面，我們還可以挖掘出其他的理論，那將是一個比之前更加詳盡的遊戲概念，除了包含大多數的近代歐洲語言，還包含日語、拉丁語及一種以上的閃族語。

　　在拉赫德（Rahder）教授的幫助下，筆者對日語也有了一定的瞭解，並且可以在這裡進行一些討論。日語與漢語是存在區別的，它與西方近代語言相類似，對於遊戲來說，它有一個唯一的，比較明確的詞語來進行表述。而與遊戲相反的含義則是帶有嚴肅的性質。動詞asobu和獨立詞asobi的意思是：一般意義上的遊戲，放鬆、娛樂、休閒、用來消遣、遊覽、放鬆、冒險活動、遊蕩，同時也含有玩弄某事務，比如傻子。需要強調的是：「遊戲還有另外的意思，意思是指一件器具、零件輕微的流動性，就像是德語、荷蘭語或是英語。a-sobu的意思包含有在師父手下或大學課堂裡學習，拉丁語中的ludus是指學校，與a-sobu的意思是相似的。還可以代表雜耍活動，也就是對爭鬥的模擬（sham-fight），但與競技的含義還是有所區別的，這個詞語介於遊戲和競技的邊緣上。最後，a-sobu也用於表示

日本茶道的美好，在茶道中，通常會將陶壺按照一定的方式從一個人的手中傳遞到另一個人的手中。在這個詞語中，似乎並不隱含著急智、開玩笑或迅速運動的意思。

因為想要考察遊戲概念在日語中的表現形式，那麼我們將深入的研究一下日本文化，只是這樣的話，就會超出本文的容納範圍。不過下面的描述應該已經足夠全面。在日本，日常生活是充滿深沉的嚴肅色彩的，同時也富含真誠之意，這些都是在流行論調下進行的：所有的事情歸根結底，都只是遊戲罷了。就像基督教中世紀的騎士精神（chevalerie），日語中的武士道（bushido）完全是在遊戲範疇內形成的，並且是受到遊戲形式的限制。這樣的解釋還包含在敬語（polite speech）（通常是在於長輩談話中所使用的稱謂模式）或是遊戲語言。日本的習慣是，較高層次的人通常都覺得自己的行為都只是在遊戲罷了。比如說在敬語中的「你到達東京」，意思是「你遊戲至東京」（you play arrival in Tokyo）；如果有人說「我聽說你父親死了。」那麼，含義其實是「我聽說你父親駕鶴仙遊了」（I hear that your father has played dying）。用另一種說法是，通常被人們所敬重的人的生活，總是被想像具有更深遠的意義，在那個境界中，到處都是快樂和自由的感覺。

而在貴族中，他們經常將遊戲作為遮掩的途徑，比如說日本就很直接明瞭的坦誠了嚴肅性和非遊戲的價值觀。Majime這個詞語有很多的含義，可以指代自制、莊重、真摯、嚴肅、才略或嚴肅，同時也包含守規矩，良好教養或是安靜。這個詞語與我們所熟知的「面子」有密切關聯，通常情況下，我們會有這樣的表達：丟面子（lose facer）。然而，我們需要思考

的卻是如何讓這樣的意思迎合活動的禮儀標準。

　　溫辛克教授作為筆者的朋友，告訴過我，遊戲的概念在閃族語中是受到詞根la'ab控制的，很明顯，屬於同根的詞語還包含la'at。這個詞並不僅僅指遊戲，還可以用以表示嘲笑或譏諷。在阿拉伯語中，有這樣一個詞：la'iba，一般是指：嘲弄、遊戲或挪揄。表達同樣意思的還有阿拉美語（Aramaic）。針對嬰兒流口水或牙牙學語（這行為不難理解，他們喜歡吹泡泡，或許是將其作為一種遊戲形式），阿拉伯語和敘利亞語（Syriac）都有專門的詞語與之對應。在希伯來語中，可以表達笑和遊戲之意的是sd-haq。最後，需要強調的是在阿拉伯語中，可以用來表達玩弄（playing）樂器的詞語是la'iba，這就與一些近代歐洲語言相類似。在所有被我們研究過的語系中，對於遊戲概念標書比較模糊的要數閃族語。然而我們可以發現，希伯來語為我們區分運動和遊戲在原則上的不同之處，提出了一些很有用的證據。

　　比起希臘語中對遊戲的多樣性描述，拉丁語則僅用一個詞來概括整個遊戲：ludus，它作為一個衍生詞，本源是ludere。我們可以發現，在古典拉丁語中，jocus、jocari並沒有遊戲的含義，而是指諷刺。雖然ludere也有時尚、水花和鳥兒振翅的意思，但卻不是來源於閃亮或快速抖動這種含義。它的含義是非嚴肅的，尤其是指「陰謀」或「假裝」的意思。ludus中含有競技、兒童遊戲、儀式、戲劇、挑戰或兒童遊戲。laresludentes意指舞蹈。不過，主要是表示「假裝」和「杜撰」類的意思。alludo、col-ludo、illudo這些複合詞一般指幻想。顯然是以ludi為表意基礎的。這裡是指在羅馬生活中起關鍵作用的普遍遊戲。ludi也指代學校，在前一種語義中偏

重於競技，而後者偏重於實踐。很明顯，ludus作為遊戲的普遍性表達，對於羅曼語也有很深的影響。在早期羅曼語中，ludus被衍生詞jocus所替代，jocus本意是玩笑，後來指普遍意義上的遊戲。因此義大利語有gioco、giocare；葡萄牙語有jogo、法語有jeu、jouer；羅馬尼亞語有joc、jucd；西班牙語有joego、jucd；泰隆語中有Catalan，普羅旺斯語中有Provencal，以及利托—羅曼語中有Rhaeto-Romanic。至於ludus和ludere究竟是因為語義還是發音而消失，我們暫且不說。

在現代歐洲語系中，遊戲的含義是很廣泛的。在日爾曼語和羅曼語中，這個詞的衍生含義很多，而所表示的運動或行為都與遊戲並無關聯。比如：「play」是指機器的運行，它普遍存在於法語、義大利語、英語、西班牙語、德語與荷蘭語中，當然還包含日語。顯然，比起ludere，遊戲的含義要更為廣泛。它還可以指讓人放鬆的活動，尤其是在日爾曼語中。綜上所述，這些語系中沒有詞語可以單指遊戲，所以我們確定在日爾曼時期，遊戲不是普遍的概念；而一旦出現對應遊戲概念的詞語，這些詞所發展的方式就是一樣的。因此，很多看上去不同的概念都被遊戲所包含。

從哥德語文本裡（有一小部分包含在《新約》內），無法找到表示遊戲的詞語。可是在《馬可福音》第10章34節的翻譯中：「他們將嘲笑他」譯作jah bi-laikandina，可以確定的是，laikan在哥德語中表示遊戲。這個詞在斯堪的那維亞語、英語、高地和低地德語裡也是同樣含義。laikan在哥德語中本來只代表「跳躍」，就像我們所說的，遊戲在很多語系中起點是快速移動。這讓我們回想起柏拉圖的推測，他認為年輕生物是遊戲的起源。比如人類和動物對跳躍的需求（《法律篇》，ii，653）。因此，高地德語

的正式詞Leich，在格林（Grimm）的德語詞典裡原本是指「生物的一種合乎韻律的活動」，其延伸含義就是遊戲。而盎格魯-撒克遜語lacan本來是指「起伏搖擺」，就像波浪一樣，或者像鳥一樣振翅，又像是火一樣跳躍。甚至lac和lacan，像古挪威語leikr、leikaa一樣，用來表示肢體動作、遊戲和舞蹈等。而lege、lega出現在晚近的斯堪的那維亞語中，似乎專指遊戲。

在日爾曼語中，作為詞根的spil、spel，有著豐富的內涵，已經引起很多人，尤其是哈耶納（M. Heyne）的注意。同時，有一篇文章是專門討論「遊戲和玩」（play and playing）的（即Deutsches Worterbudch, x, I, 1905）。主要內容是：首先與動詞連接可做述詞。如你用荷蘭語說「een Spiel doen」，用德語可說「ein Spiel treiben」，用英語說「繼續做遊戲」（pursue a game）。可是遊戲本身也用作動詞，你可以說「spielen ein Spiel」或「玩遊戲（play a game）」。在英語中，有一組詞：game和play，而這種變化已經不存在。可事實終是事實，為了凸顯本質，會用動詞形式來重複名詞的含義。這似乎正好表明遊戲是獨立的，且超出日常範疇。我們是在「玩」（play）遊戲，而不是「做」（doing），我們不是在「做」一個遊戲，也不會「做」或「去」打獵、跳莫里斯舞（Morris dancing）等。

另外的一些內容如下：無論是何種語言，我們總是想將遊戲本身與其附屬物質混雜在一起。例如，緊張、快樂、秩序和自由選擇等。我們可以透過古挪威語leika這個詞來進行分析，leika的含義很多，如「把握」、「抓緊」、「控制自己」、「打發時間」、「實踐」等。前面我們研究過遊戲是指自由運動或可以在一定空間流動的意思。與其相關的是荷蘭銀行

行長在荷蘭貨幣基爾德貶值時的講話，他說：「我們在拋棄一個局限性很強的領域，金本位制不是遊戲。」猶如「玩過了」（to be played out）或「隨心遊戲」等表現形式，都說明遊戲的含義變淡了。他並不是在譁眾取寵。這不能說是因為遊戲觀念轉換而引起的，最可能的是此觀念用反諷形式的延展。在中古高地德語中，遊戲（spil）或以神秘含義為主流的語言中很受青睞。這不是巧合，因為思想對這類語言是有嚴格要求的。回憶康德在表達此類意思時的習慣。例如：「觀念的遊戲」、「想像力的遊戲」、「宇宙論觀念的整體辯證遊戲」。

在我們討論play這個在日爾曼語中的第三個表示遊戲的詞根前，或許我們有疏忽的地方：古英語或盎格魯-撒克遜語除lac和plega之外，還有spelian這個詞，是指「替代它者」（vicem gerere）或「再現它物」的特定意思。它普遍適用於以撒（Isaac）進行祭獻的祭品。這並不是它的原始意思，雖然它還有「扮演」或「角色扮演」的含義。我們姑且不談spelian在語法上如何與德語「spielen」相關，也不去分析「Spiel」和英語詞「spell」、「gospel」之間有什麼關係。

類似的情況出現在德語中「Beispiel」或「Kirchspiel」的尾碼-spiel與荷蘭語kerspel、dingspel（一種舊式司法劃分）中，他們不是源於「Spiel」（spel），而是源於同一個詞根。

在英語中，「play」、「to play」這兩個詞顯然屬於同一語義。這個詞在字源學上源於盎格魯-撒克遜語plega、plegan，本意是遊戲，玩耍或姿勢、快速移動、用手握、鼓掌、演奏等。在晚近的英語中，意思更為廣泛。在古英語plegan和（歐洲大陸的）古撒克遜語plegan，古高地德語

pflegan和古弗里西語（Old Frisian）plega這些詞在形式上都有巨大的相似性。在近代，有很多詞都是以他們作為源頭的，比如近代德語pflegen與荷蘭語plegen，然而，這些抽象意味的詞語都不含有遊戲的意思。最原始的意思是「保證」、「冒險」，為了某個人而將自己放在危險位置。繼而是奉獻自己（sichverpflichten）、照料（verpflegen）、參與的意思。pflegen意指執行神聖活動，正義施行（Rechtspflege），而在其他的日爾曼語種，指「pflegen」是感謝、工作、哀悼等，卻很少指遊戲。所以說這個詞的主要適用範圍是法律、倫理和宗教。如今，因為「to play」和pflegen（或它的日爾曼語同等詞）二者具有明顯區別，因此被看做是同音異意詞。表示詞根相同，含義有別。基於調查，我們提出了反對意見。區別在於：即「play」沿著具體這一路運動並發展，而「pflegen」則沿著抽象發展；二者都與遊戲接近。可以說是屬於禮儀。pflegen最原始的意思是「展現收穫」或「慶賀節日」的意思。同樣的，在荷蘭語中的plechtig也含有「莊重」、「禮儀性的」等意思。在形式上，德語pflicht和荷蘭語plicht符合盎格魯-撒克遜語pliht（也是英語plight）。而在德語中和荷蘭語中也有表示「責任」的詞語，pliht一開始指「危險」（peril），然後延伸到「缺點」、「錯誤」、「責難」，最終發展為「獻身」、「信守」之類的。plihtan是一個動詞，意思為「施加恩惠」、「受到牽連」、「將自己放在危險境地中」等。而對於pledge，是與日爾曼詞plegan形成了plegium。之後轉化為英語中的pledge和法語中的preige。其最初含義是「擔保」、「抵押」等。所以「gage」帶有「賭注」（wage與gage是一對詞）的意思。進而發展為「祭祀」等，且包含「飲酒」、祈求健康等。誰會反駁這些概念

呢？比如危險、挑戰、競技等。是不是我們已經靠近遊戲領域了？遊戲、冒險、英勇、危險這些都是單一的範疇，體現的是千鈞一髮的時刻。這促使我們斷定play和pjqegen在形式和意思上都是一樣的。

讓我們再將目光放在遊戲和競技的聯繫和二者的衝突上。在日爾曼語的很多層面上，表現遊戲的語言也有衝突的含義。比如盎格魯-撒克遜詩歌，就含有這類詞彙。Heado-lac或beadu-lac表示徒手搏鬥或衝突，asc-plega，是指「矛槍遊戲」。不用對這些複合詞含有詩性隱喻的意味而感到懷疑，它們是有目的的將遊戲轉化為搏鬥。比如古高地德語歌，「Ludwigslied」中所謂「Spilodun ther Vrankon」（那兒法蘭克人在遊戲），就是用來慶祝西法蘭克國王路德維希三世（Ludwig III）在881年征服了騷科特（Saucourt）的挪威人。需強調的是，「遊戲」多用於嚴肅性的衝突而不是詩性的比喻。讓我們關注一下古代思想，那時無論是爭鬥、比賽還是遊戲對身體和道德的衝突都是與遊戲相關的。按照相關規則，其含義是單一的，因此遊戲用來表示搏鬥並不是在隱喻。二者是相通的。

在古代的文化中，《舊約》中明確的描述了遊戲和搏鬥本質上的相同。在《撒母耳記下》（ii, 14）中，阿伯納對雅各說：「讓少年人起來，在我們面前遊戲（play）吧」（拉丁文聖經：「Surgantpuerietludantcoramnobis」）。之後，每邊站出12人互相掀頭，用刀互砍，一起倒下，這樣的場所被稱為悲壯之地。姑且不談故事是否真實，是否是杜撰的，重點在這樣的活動被稱作遊戲。拉丁文ludiant的轉譯只能是：「讓他們遊戲。」希伯來文本中有個詞彙是sahaq，用作動詞，指「笑」，然後是「開玩笑」，也有跳舞的意思。《舊約》希臘文本的辭句是：很清楚，這裡沒有詩性的

發揮;明白的事實是遊戲過分了,但仍是遊戲——顯然,這裡凸顯了為何不將遊戲和競技分開。我們可以總結:在古代,很難將遊戲和搏鬥分開,而對於遊戲的同化也是必然。無論在語言中還是在文學中,這是顯而易見的,故不累述。

當我們面對「play」(pflegen)的詞根時,不得不說的是荷蘭語中表示結婚的詞語:huweli-jk,這還可以結合古低地荷蘭語huweleec或huweleic〔字義是「婚禮遊戲」(wedding-play)〕,還可和節日、節慶(feestelic),〔爭鬥vechtelic:古弗里西語(fyuchtleek)〕做對比。這些複合詞都是由Leik延伸而來的。在斯堪的那維亞語中,他們是遊戲的意思。而在盎格魯-撒克遜形式lac、lacan中,他們除了具有跳躍、律動、遊戲的意思,也可以代表禮物、恩惠、祭祀,施捨等。這個詞是很奇特的,可以發展為ecgalac和suoeorda-lac,意為舞刀弄劍。所以依據格林的理論,他們帶有嚴肅的祭祀舞蹈的含義。

在總結我們對遊戲概念的理解之前,先讓我們來研究一下「play」的一些特殊含義。比如說彈奏樂器。在阿拉伯語裡,laiba是與其相似的。日爾曼語中「play」表示彈奏樂器。在羅曼語種有法語jeu和jouer具備這層意思。西班牙語用tocar,義大利語則是用sonare。在德語的「Spielmann」(荷蘭語「Speelman」)有「音樂家」的含義,但不含彈奏的意味,「Spielmann與joculator、jongleur是基本相似的,它的本意很豐富,原來只是表示音樂家,而今延續到玩球類的藝術家。然而,希臘語和拉丁語中,這些用法是不存在的。

就算不看這些特例,我們依舊相信樂曲是屬於遊戲範疇內的。這是件

順理成章的事情。演奏音樂與遊戲是類似的：在特定的空間內進行活動，可重複，有順序、有韻律、可以讓參與者超越日常生活，處於一個純潔的境界內。就算悲傷的音樂也給人快樂的感覺。也就是說，音樂使人陶醉，因此可以將音樂看作是遊戲。可是，遊戲畢竟有其特殊性。如「playing」這個詞就不能用作唱歌，而用於演奏也只在某種情境下。二者的關係在於手指規律性的運動。

「play」的用途是很廣的，因為它具有嚴肅性，因此與遊戲一樣重要，比如說與性愛相關的行為。日爾曼語中，這個詞常常用在性愛領域。詞語有「Spielkind」（荷蘭語「speelkind」）指私生子；也可比較荷蘭語「aanspelen」指狗的交配，「minnespel」指交媾活動；在德語詞Laich和Laichen指魚的「生產」和「產卵」；瑞典語leka和英語lechery，古日爾曼語詞根leik、leiken還繼續存在。在梵語中也有類似用法，比如kridati用來表示性愛。再比如kridaratnam指代交媾。

布依騰迪耶克（Buyiendijk）教授的觀點是：在所有遊戲中，愛的遊戲是最完美的，體現了遊戲的所有特徵。然而，我們要注意了。假如我們依舊承認之前對遊戲特徵的認識，那麼顯然它們無法作為性愛的例證。這不是能用語言表達的具有遊戲精神的活動，而是導向愛的行為。遊戲會讓它更具誘惑力，尤其是在喚醒異性的激情時。布依騰迪耶克所說的遊戲的組成，比如假裝、緊張、驚訝、障礙等都是這種過程。所以不能將其說成遊戲。遊戲存在於鳥類闊步和梳羽中。愛撫不是遊戲，將愛看做遊戲也是不正確的。生物求偶過程也不是遊戲。我們應該把愛的遊戲和交媾行為完全區分開。「play」所指的遊戲是社會規範以外的性關係。比如在黑足中，

會用koani代表非法性交往或兒童遊戲。總的來說，遊戲與鬥爭具有強烈的親和性特徵，我們可以將遊戲用語在性愛上的運用看做是隱喻。

一個詞語的價值取決於其反義詞。對我們而言，正經（earnest）是遊戲的反義詞，同時工作（work）也是。正經的反義詞是玩笑、嘲笑或遊戲。遊戲與正經這對反義詞是很關鍵的。並非所有的詞都像日爾曼語一樣有一個完全意義上的反義詞。「earnest」的對等詞可以在德語和荷蘭語中找到。在斯堪的那維亞語中對於alvara的運用也是同樣道理。希臘語種是作為對立詞來看。而其他語系中於遊戲相對的有形容詞卻沒有名詞。這說明，很難找到一個完全與遊戲相對的概念。gravitas、gravis有時也指正經的意思，但不明顯。羅曼語中也有形容詞的衍生詞語，比如西班牙語的seridead與義大利語的serieta。法語中存在概念名詞seriosite，可是它的含義卻與「嚴肅性」（seriousness）一樣簡單。

希臘語系中，詞義源於「迅速」和「熱忱」，serius是表示「沉重」或「繁重」。在日爾曼語中是「非常困難」的意思。ernest、ernust、eornost一般指代「鬥爭」和「衝突」，前者比較常見。因為英語詞earnest有兩個延伸意，一個是古挪威語orrusta意思是一對一博弈，另一個是古英語(e)ornest。令人苦惱的是，二者並沒有很好的結合在一起。所以，我們只能跳過這個難題，直接做出判斷。

我們可以理解為，在各種表述中，遊戲概念比其反義詞更重要。如果用「不遊戲」（not-play）這一表述，其需求一定很小。而嚴肅只是我們所嘗試創造出的遊戲的對立詞。他們的周邊是「努力」、「熱忱」、「辛勞」等概念，雖然我們可以在遊戲範疇內找到他們。當人們注意到「正

經」這個概念的時候，說明我們已經發現遊戲是一個獨立的實體概念。這件事發生的非常晚。讓人驚奇的是，日爾曼語中對遊戲及其反義詞都有明確的界定。

讓我們將注意力主要放在遊戲和正經這對反義詞上。卻發現它們不是等值的，正經是否定意味，遊戲是肯定意味。因為正經作為遊戲的肯定而被人們接受，於是就出現了「不遊戲」。但遊戲卻不能被稱作是「不嚴肅」或「不正經」。遊戲概念是高於嚴肅概念的。因為嚴肅性似乎與遊戲相排斥，而遊戲卻可以囊括嚴肅性。

第3章

推動文明進程的遊戲和競賽

在提及文化中的遊戲組成時，我們並不是指遊戲佔據了文化生活中重要的部分，也不是說遊戲最終會發展為一種文化。比如說一些原本是遊戲的事物最終不再是遊戲，因此而變成文化。在下文中，我們所相信的是：文化可以用遊戲的形式來體現，在最開始它就存在於遊戲裡。以至於像狩獵等解決生存的活動，也是用遊戲的形式來展現的。遊戲讓社會生活超出了生物的原本形態，則就是遊戲存在的意義。人類是透過遊戲表達對世界的看法的。

　　在這點上，與其說遊戲發展成文化，還不如說文化在最初期含有遊戲的成分，遊戲推動了文化的發展。在文化和遊戲中，後者是首要的。我們可以對遊戲形成清晰的認知，卻無法清楚的界定文化的含義。就好像費羅貝尼烏斯的觀念，他在《非洲文化史》（*Kulturgeschichte Afrikas*）一書中，提到文化的起源是自然生物狀態的發展。然而，筆者認為他對二者關係的認知太過感性，敘述也比較模糊，當被問到哪種文化是從遊戲中發展出來的，他就無法解釋了。

　　無論一種文化是走向進步還是走向衰敗，我們所想像的遊戲和非遊戲之間的關係也並不是穩固不變的。通常，遊戲的成分開始隱退，被宗教所吸納，其餘部分變成民間故事、知識、詩歌、哲學或社會生活的形式。這樣，遊戲就完全被文化所囊括了。然而無論何時，就算文明高速發展，遊戲的本性也是存在的，並讓人沉醉。

　　顯然，文化和遊戲間的關係在社會遊戲的高級形態中體現得淋漓盡致，這樣的形式體現了一組或對立兩組詞之間有規則的活動。單獨的遊戲

對文化的作用是有限的。就像我們所說的，遊戲中囊括的基礎角色，比如個體和大眾，都帶有動物的特徵，即展示、挑釁、誇耀、表演、競爭、自吹自擂等。與人相隔甚遠的鳥類與人也有很多類似的地方，這讓人很費解。烏鴉會進行飛行競賽，鳥類比賽裝飾巢穴、丘鷸表演舞蹈，鳥類唱自己的歌。因此具有娛樂性的競技和展覽並非來自文化，而是先於文化。

「一起遊戲」在本質上是對立的。一般存在於兩個團隊或組織間。當然，演出、表演或舞蹈一般是沒有對立者的。另外，這種對立關係也不一定指競技或比賽。一組合唱、一段雙人舞，音樂和聲、貓搖遊戲（the game of cat's cradle），因為這些都引起了人類學家的興趣，所以這些都發展為複雜的巫術體系。這些雖然有時會涉及到比賽，但一般來說，是不需要競爭的對立的遊戲。一些富有創造力的活動，比如音樂表演或戲劇，會因為競爭一些榮譽而轉變為競賽，就像希臘戲劇一樣。

我們會將不穩定和緊張當做是遊戲的一般性特徵。有一個問題一直困擾著我們：「這能成功嗎？」就算是一些需要耐心的遊戲，如填字遊戲、拼圖、空竹等，也會出現這種情況。當一種遊戲變成競爭的時候，人們就更擔心結果了。我們會因為想要獲得成功而變得小心翼翼。其中有個明顯的區別。在一些憑藉概率的遊戲中，很少出現選手將壓力轉嫁給觀眾的現象。賭博在遊戲中是一種新興事物，但是在文化領域，這的確是不勞而獲的。他們是有害的，不能給我帶來什麼。當遊戲中需要技巧、力量、勇氣等因素時，就不一樣了。遊戲越難，觀眾的壓力就越大。例如，國際象棋比賽會讓人熱血沸騰，雖然它並不能為人們帶來視覺衝擊力。如果一場競

技形式很美，就會具備文化價值。不過，這也並不是絕對的。智力上的、道義上的、精神上的因素是同樣重要的。層次越高，個人或團體的影響力就越大。宗教性的表演或節慶中包含著文明和遊戲的內涵，是循環往復的過程。

在此，第一章的問題又出現了：我們可以無限制的用遊戲的含義來評斷任何競賽嗎？讓我們看一下希臘人的做法，這能夠在詞源範疇內得到說明。因為一個詞語而引發的孩子氣非常形象，這不是希臘社會中關鍵的嚴肅競賽。另外，它也從另一個角度詮釋了競賽。其原意是「聚集」（對比「集市」，二者無關）。因此，它和遊戲無關。可是，它們在本質上有結合點：首先，柏拉圖用詞來指稱考里提斯的武裝的宗教舞蹈，並指代普遍意義上的宗教展示。許多希臘競賽是「決一死戰」的，這並不能很好的區分遊戲和競爭，也不能否認競爭中不含遊戲因素。競賽中含有遊戲的大多數特徵。

德國和荷蘭都有專門詞彙來表示二者的統一，分別是wedkamp和wettkampf。它有賭注（Wette）和遊戲場地（拉丁文campus）的意思。並且該詞還有「競賽」的正規說法。讓我們來看《撒母耳記下》其中有個證據很明顯，在書中有一場激烈的鬥爭被稱為「遊戲」，這是一個來自於笑話的詞語。顯然，在希臘的很多花瓶上都描繪著一些競賽的情景，其中有一些演奏長笛的人。在奧林匹克運動會上決一死戰的鬥爭。在與烏特迦洛基人（Man of Utgardaloki）的競賽中，由托爾（Thor）和他的夥伴們完成的強有力的角逐（tour de force）被稱為「遊戲」（leika）。因此，想要用

一個概念囊括所有，是不現實的，而考慮古希臘語種遊戲和競賽的區別也是非常有必要的了。簡單說來，關於我們是否可以將競賽歸納到遊戲的範疇內，我們可以給出一個確定答案。

競賽和其他遊戲一樣，並不具有目的性。換句話說，它的產生和終止都歸於行為本身，其結果與參與者的行為沒有裨益。有一條荷蘭諺語是關於結果的，對以上觀點做了詳細論述：「重要的是遊戲本身而不是彈子球」。其實，重要的不是遊戲結果，波斯王到英國訪問，被人誤解為拒絕賽馬，他說他可以判斷出哪匹馬跑得快。他不想參加一種外國的遊戲，這對他自己來說是合理的。除去那些以錢財為目的而參加遊戲的人，遊戲或競技的結果只對於那些參與者或感興趣的人才是有意思的，無論他們是個人還是地區性的，還是作為聽眾。他們希望加入遊戲，而結果誰贏誰輸顯然是不重要的。

遊戲的本質包含在一句短語之中：「事情的勝負還未見分曉。」然而這裡的「事情」並不是處於形式層面的遊戲結果，也不是一種純粹的事實情況，而是遊戲成敗的概念。遊戲者可以從遊戲中得到滿足感，其長短由隨情況不同而不同。要獲得這種滿足感的方式必須透過在場的觀眾，雖然不是絕對的。一個參賽者會因為觀眾而感到興奮，他或許會向他人誇耀自己的成就，這點很重要。在這點上，參賽者都類似，關於這種滿足感，我們會在下文中提及。

勝利與遊戲之間有緊密聯繫。勝利一定是存在於競爭雙方的，一個人的遊戲是不分輸贏的，即使達到目的也不能稱為勝利。

什麼是獲勝或勝利？勝利者可以在遊戲結束時充分展示自己的優點。可是，這樣的結果會讓獲勝者誤以為自己是完美的。如果是這樣，他從比賽中獲取的就不僅是勝利了。他獲得了榮譽和尊重，並得到某種利益。因此，遊戲的另一個特徵就很明顯了：勝利會由個人傳遞到團體。於此同時，還有一個關鍵特徵：競爭的原動力不一定是渴望權力或滿足控制欲。最關鍵的是要超越其他人，體現優越感並得到尊重。而個人或團體權力是否被滿足則是次要的，獲勝是第一位的。例如，象棋比賽，勝利者並不能得到什麼東西，卻可以展現自己的能力。

　　因某事而引起的遊戲或競爭，首要目的就是勝利。可是，勝利是與很多用來傳播資訊的方式相結合的，如慶典、掌聲和歡呼。勝利的戰果可能是威望、尊重或榮譽，它們也會和其他相關的東西聯繫在一起。關於這點，我們可以透過遊戲的分類來進行瞭解。遊戲中一般都含有賭注，一般都是具有價值或能代表價值帶有理念色彩的。或許是珠寶，或許是金杯，抑或是一個指令。或許對於生命而言是一種幸福快樂。可以是獎品也可以是抵押品（gage）。

　　這個詞語的含義很深。從語義和語源學來看，它與拉丁文vadium（日爾曼語Wette）有密切的關係，都是一種「抵押品」。與獎品所不同的是，獎品是本身就具備價值的東西，比如說獎金，或者是桂冠。Prize、Price和Praise三個詞都或多或少地由拉丁文pretium一詞派生而來，但他們的指向是不同的，這非常奇怪，這個詞最早出現在交易評估行業，表示相抵的價值。而在中世紀pretium justum或「公平價」指的是市場價，如今，price這

個詞依舊運用在經濟領域，prize則轉變到遊戲或競賽領域，praise則獨得了拉丁文laus一詞的意義，這三個詞在語義上很難區分。同樣，原本wage一詞是指代挑戰的，如今卻成為pretium的反義詞，這也讓人奇怪。它從遊戲領域轉化到工資收入的範疇，我們遊戲的目的不是為了薪水，而是因為它們而付出勞動。最後，在語源學上gains（收穫）或winnings（勝利品）於它們也沒有關聯，它們即屬於經濟也屬於遊戲，選手贏得戰利品，而商人負責制造。

很明顯，拉丁詞根vad的所有派生詞，無論是遊戲領域還是經濟範圍內，大多都含有勇敢、機遇、激情的意味。純粹的貪戀因為不敢冒險而遠離交易或遊戲。遊戲的要素是敢於承擔風險、壓力，敢於接受挑戰。壓力可以使遊戲的重要性加強，並讓參與者達到忘我的境界。

上文中所談論到的詞根vad還派生出希臘語中獎品一詞，之後還衍生出運動員等詞彙。其中含有奮鬥、鍛鍊、竭盡全力、競技等含義。假如我們有這樣的認識：在原始社會中，很多參與者都很痛苦，因為他們要經歷一個艱難的過程，我們可以回憶起這兩個詞的關係。後者剛開始是指競賽，而後來就變成了「恐懼」或「奮力搏鬥」；可見，運動最終轉化為嚴肅性競賽。

競技不僅帶有某種目的，也包含達到目的的手段。大家都想獲得第一，要靠機敏程度，靠文化或資源，靠慷慨，靠家族勢力或子孫的力量。

他們較量精力、智慧或拳頭，在奢華的陳列上攀比，他們吹牛、謾罵、詆毀、欺詐。在我們看來，如果用欺騙手段獲得勝利，必然失去遊戲

的意義。這是因為遵守規則，公平競爭是遊戲的要素。可是從古至今，人類總是將謊言交給道德來評判。例如，在刺蝟和兔子的故事中，欺騙者是以花花公子的形象出現的。而神話中英雄也是靠欺騙來取勝的。珀羅普斯（Pelops）為了把蠟釘安到車軸裡而賄賂了歐諾瑪斯（Oenomaus）的馬車夫，伊阿宋（Jason）和忒修斯（Theseus）依靠美狄亞（Medea）和阿里阿德涅（Ariadne）而通過考驗。君特（Gunter）依齊格菲（Siegfride）而獲得成功。弗萊雅（LFreya）欺騙了沃坦（Wotan）才戰勝了倫巴底人（Langobards）。《摩訶婆羅多》中的俱盧族（Kauravas）在擲骰子時靠作弊取勝。《埃達》中的阿薩（The Ases of Eddic）神話違背了他們對巨人所發的誓言。可見，欺騙作為一種競爭的手段變成了遊戲的新主題。

在股票交易中，對於「賭」和「玩」的不同使用，可以說明遊戲和嚴肅性之間的區別。賭博者在賭場會坦誠自己在玩，而經濟商卻不是這樣。他認為抱著僥倖心理炒股是種嚴肅的事業，至少屬於商業生活，同時也會產生社會經濟作用。無論是哪種形式，他們的目的都是盈利，可是前者卻被認可（所有的「盤算」都不靈了），而後者則是自欺欺人。不管怎樣，在智力上二者並無差別。

在這些關連中，這兩種從賭注中獲利的模式是大同小異的，這不是最關鍵的問題。因此，我們不去討論獲得利益這一點上是先以遊戲為主還是以嚴肅性為主。我們在中世紀末看到熱那亞和安特衛普都出現將未來賭注作為保險的非經濟行為。再比如賭人的生死，賭生男生女，賭慶典儀式的結局，賭戰爭的獎品。雖然這種行為的商業性特徵很濃，然而查理五世依

舊將其作為非法投機行為而禁止。在選舉新教皇時,也有類似與賽馬投注的事情。甚至在17世紀,類似的交易也會稱為「賭注」。

人類學對於社會生活中建立對立關係及結構的描述已經越來越清楚,並且明確怎樣將這種雙面性和社區心智發展相結合。這些現象隨處可見。我們把部落分成相對立的兩個區域,這被人類學家稱之為種群(phratriai),將其區分開的是嚴格的異族通婚制度。他們是被圖騰分開的兩種人。圖騰已經從一個領域變成了可以被到處使用的行話,而用於科學倒是很方便。一個個體可以屬於烏龜族或烏鴉族,而其獲得這兩個種族的特有的規則、習慣、禁忌等,並形成系統。兩個組織間存在競爭,但同樣也會互相幫助或扶持。他們的公共生活都是以一種被事先設計好,並謹慎執行且不停進行的儀式來體現。這種能讓他分裂成兩個個體的性質彌漫到他整個世界中。任何事都被分割成兩個部分,宇宙也是這樣建立起來的。

與此同步的還有性別上的區分,比如說在漢語中存在的陰和陽的概念就體現出宇宙的兩重性,男女與陽陰也是相對應的。他們互相聯繫相互合作來維持生命韻律。在某些時候,這種二重性被看做是部落用來劃分少男少女的根據,在季節性的聚會中他們載歌載舞來互相求愛。

在這些節慶裡,兩性的對立精神完全是以遊戲的形式來表現的。而任何一種文化都不如中國古代文化能夠更加清楚的闡述這些複雜的競賽對文化造成了怎樣的影響力。

葛蘭言(Marcel Granet)對這點進行了論述。他透過中國禮儀歌曲的解說和重塑,對中國早期文化做了精準而合理的解釋。

他對早期的典型鄉村家庭的季節性節日慶典進行了詳細描述，大家為了促進穀物收成而舉辦各種比賽。大家都明白這一觀念是來自於最初的宗教儀式。每個儀式都迎來了完滿的結局，所有的比賽都可以順利的進行。祭祀的所有過程都完成了，因此古代的人們相信自己已經得到了所有的福祉。宗教祭祀和舞蹈已經完滿結束，所有的事情都非常順利，宇宙的秩序和社會的幸福也被保障。當然，這些並不是由幻想而來的理智的結果。這只是一種感覺，一種發自內心的，由信仰而來的優越感。

比如像葛蘭言指的室內所進行的冬季節日，顯然有一些戲劇化的特點。在激動的時候戴著面具模仿動物的動作，並大吃大喝、打賭、雜耍等絕技（tour de force）。這些活動是將女人劃分在外的，可是這些相對的性質卻沒有被撤除。我們也可以將角色分為主人和客人。一方代表陰，比如寒冷、冬季、月亮等；另一方則代表陽，意味著溫暖和夏季。

可是，葛蘭言的論斷離田園生活的構想差的很遠，好像是一些分散的部落在樸素的自然界中過著詩畫般的日子。隨著中國廣闊的區域中一些王國和酋長的發起，在此基礎上，跨越多種族於部落的競賽性團隊漸漸興起。但是，他們的生活還是以節日或宗教競賽的方式來表示。從這些競賽中，形成了社會等級制度。勇士在這個過程中獲得了各種聲望，並改善了封建社會的狀況。

葛蘭言說，「競爭精神」，「賦予人類社會或團體以靈魂，使人類在冬季節日裡在歌舞方面進行競技，因此便產生了社會秩序及國家政體等發源。」就算我們完完全全的接受葛蘭言的一切觀點，將這作為導致整個

等級制度的根源，也要他用精準的方式證明了在中國，競爭在發展中的作用要比希臘還強烈，並且遊戲的特徵也要比希臘更加清楚。因為在中國古代，很多活動都採取競賽的形式，比如爬山、摘花、砍伐等。有這樣一個傳說：英雄征服了對手，顯示出巨大的能量。在通常情況下，比賽都是以失敗者的死亡而告終。

對我們而言，最關鍵的是任何競賽，以至於這些競爭性的搏鬥所表現出來的特點都含在遊戲的範疇之內。如果將過去帶有夢幻色彩的競賽與今天各種季節性的競賽（比如，秋日裡青年男女的歌舞競技）做對比，這一點就可以被凸顯出來。葛蘭言在談論《詩經》中關於愛情的歌曲時，提及西藏、越南北方，以及日本的一些相似的節日。越南的學者以越南為例子對此展開了討論，近期這些風俗還是非常流行的；對此，他在法文論文中有所論述。在此，我們位於遊戲的核心部分：舞會、問答、猜謎、對歌等都是兩性間的比賽。歌曲作為遊戲的產物是非常複雜的，詞語、問題和答案在其中不斷重複。所有希望自己能夠對遊戲或文化提出新穎說明的人，都應該讀一下這部作品。

這些競賽形式都在體現著與其宗教儀式的緊密聯繫，這是由一種信仰而決定的：這些活動對於時空的輪轉、莊稼的收成都是非常重要的。

假如一場表演式的競賽最終被認為是自然進程的阻礙，那麼利用自然而達到目標的競賽到底是哪種，已經不那麼重要了，重要的是獲得勝利。每一次成功都表明善良戰勝了邪惡，並以群體獲得救助的形式出現，因而顯示出其實力。因此出現以下情況：純粹靠機率的比賽與依靠技能、才智

而獲勝的比賽結果同樣都是仁慈的。幸運的意義是神聖的，神藉由骰子傳達旨意。透過骰子，可以利用比賽來改變這些意志。其實，我們可以深入地講，對人類而言，運氣或命運論與宗教是非常相似的。為了能夠理解這些，我們只能仔細去瞭解這些原本就不相信的東西。一個健全的成年人倘若不信這些，也會發現自己無意中在做各種聯想。這一般不能引起我們的關注，我們也很難在文學作品中發現這類論述。可是，托爾斯泰的《復活》中有這樣的一個例子，一位法官在步入法庭時暗示自己：「假如從這裡到座位的步伐是雙數，我的胃就不會痛了。」

　　對很多民族來說，擲骰子已經成為宗教活動的一部分。社會對立性的結構有時體現在骰子或是遊戲台上具有的顏色區別。梵語中dyutam一詞既有擲骰子的意思也可以表示打仗。箭和骰子二者中間存在著緊密的聯繫。在《摩訶婆羅多》裡世界被看做是一場皇后和濕婆之間所玩的骰子遊戲。在日爾曼的一個神話中，眾神一起進行遊戲台上的比賽：當世界被控制的時候，眾神坐在一起玩骰子，而世界遭遇毀滅後並迎來再生，返老還童的阿薩（Ases）將會找到他們原來的金遊戲台。

　　尤喜斯提那王（king Yudhistira）和俱盧族玩的骰子遊戲決定了《摩訶婆羅多》的主要行動。黑爾德（G. J. Held）在下面的研究中也得出了類似的結論。我們最感興趣的是遊戲的進行場地。一般只是在地上畫一個圈，這有些魔幻的味道，為了防止被騙，參加者在完成所有環節前不能離開。然而，有時候，參與者會為比賽建專用場地，即聖地。摩訶婆羅用了很久來進行這項活動，船度族（Pandavas）將在這裡與對手較量。

因此，這裡比賽中也含嚴肅的成分。他們是一種宗教儀式，塔西佗看到日爾曼人在擲骰子時所表現出的是一本正經，像做一件嚴肅工作似的，於是感到驚訝，其實這是錯誤的。可是，當黑爾德透過分析其宗教意義得出古代文化不是遊戲的結論時，筆者並不同意。相反，正是其遊戲特質讓它在宗教中的位置至關重要。

人們對古代文化生活的認知，要歸功於人種學對英屬哥倫比亞的某些印第安部落奇風異俗的詳細論述。我們稱作是「散財宴」（Potlatch），最具特色的形式是在卡瓦吉特人中比較流行的一種隆重的節日。其中有很多鋪張的環節，是使用一個巨大的秤將禮物送給對方，以彰顯其富有。饋贈者希望受贈者可以同樣舉辦類似的答謝會，並要超越前面的這場。這些怪異的風俗會對整個部落的生活產生巨大的影響：比如他們的藝術、他們的儀式和法律。所有的事情都將為舉辦「散財宴」而作準備——死亡、成年禮、紋身、出生、婚禮等。酋長建造的房子完工時或立上圖騰柱時會舉辦類似的儀式。這儀式上，參與者都以最佳狀態出現，帶著面具唱著歌曲，並由巫師誇讚他們因家神而獲取的財富。不過，最重要的是發放禮品。舉辦方會把自身財富揮霍一空。可是，因為參與這樣的活動，其他的家族也會有同樣的舉動。其結果是該部落的財產幾乎都流到其他人手中，可以想像這樣的事一般都發生在兩個種族之間。

在儀式上，人們都以揮霍財富為榮，並且讓人驚訝的是，他們會大規模毀壞財產來證明自己對財富的輕視。這樣的活動也是以宗教儀式來進行的，並富有挑戰氣味。一般以競賽的形式進行：假如一個酋長燒掉了一

床毯子或打破了一個茶壺，擊碎一條獨木舟，那麼他的對手就要毀壞更多的東西。他會將破碎了的瓷器碎片展示給對手來表示他的優越感。這樣的風俗與卡瓦吉特人的近族特林吉特人（Tlinkit）是有關係的，假如說一位酋長想侮辱對方，那麼他就可以將他的奴隸殺死；而對方如果想要獲得勝利，就不得不殺掉更多的奴隸。

這些經由將自己的物品毀壞而獲得稱讚的行為，隨處可見。馬塞爾·毛斯（Marcel Mauss）指出，同樣的風俗出現在美拉尼西亞，在其《論饋贈》（Essaisurledon）一書中，他尋覓到了來自於古代日爾曼、羅馬、希臘文化中的痕跡。葛蘭言掌握著這次活動的原始證據，在前伊斯蘭的異教阿拉伯，大家把這些事情稱作是常規性的習俗。他們的名稱叫mu'aqara，也就是動詞aqara的第三態的名詞化形式，在這件事上，古老詞典卻沒有過多解釋，它所給出的界定是：「以砍去駱駝四肢的方式爭奪榮耀。」毛斯簡潔地總結了黑爾德的主題：「《摩訶婆羅多》是巨型『散財宴』的故事。」

這種儀式及與其相關的所有一切都受到勝利的影響，取決於誰是勝利者，誰能獲得更多的榮譽和聲望。並且最終只有一個人能夠有資格舉辦宴會，而且始終存在因為競爭而聚在一起及友誼精神所影響的處於對立狀態的兩個團體。為了更好的理解這種狀況，我們要認清獲勝是「散財宴」的本質特徵，對立面上的團體並不是因為想要競爭權勢和財富才聚在一起的，而是想要體會獲勝後贏得榮譽的心情。在博厄斯所描述的一位馬瑪勒卡拉（Mamalekala）酋長的婚禮上，客人聲稱已經做好了競爭的準備，即

婚禮尾聲岳父給新娘贈送陪嫁的儀式。「散財宴」的記載中也包含此類事件，含有犧牲和考驗的意味。嚴肅的氣氛一直彌漫著整個應答輪唱和宗教舞蹈儀式的環節中。這是非常嚴格的，容不得半點差錯，甚至連咳嗽和笑都會受到懲罰。

這些禮儀的精神發源是鋪張浪費、張揚、競技和榮譽。參與者陷入狹義主義和英雄主義的誤區。在這其間，占主要地位的是輝煌的家系、盾形紋徽和顯赫的聲名。這並不是一件需要小心翼翼和埋頭苦幹，對榮譽太過計較或只求勝利的事情。其實，最大的渴望來源於團隊的名譽或能夠體現社會地位的元素。例如，對於特林吉特人的兩大種群來說，他們的關係和責任就融合在「表示尊重」這個詞中。這樣的關聯將逐漸轉化成互相服務和交換禮物的行動中。

根據筆者的瞭解，人們對於「散財宴」的解釋是來自於魔法和神話的。毋庸置疑，「散財宴」是與具有類似習俗的宗教偏見有密切關聯的。一切與鬼神相關的活動，成年式及區別動物與人類的經典論斷，都體現在「散財宴」中。但這不妨礙我們將其看做一種與確定的宗教體系無關的普通現象。我們可以想像自己處於一個被最初的衝動和內驅力所控制的社會中。這在文明階段其實是少年身上的特質。人們會因為團體榮譽、對財富、友誼、信賴的渴望而感到激動。因此在打賭、競賽或驚險刺激的活動中，他們對財富會表現的漠不關心。簡單來說，「散財宴」精神是與青春期的思想狀態非常類似。暫且不說其本質，作為宗教表演嚴格組織起來的活動，這些心理很容易被理解，這就解釋了為什麼這些不以特定宗教體系

為基礎的實例具有重要性的原因。

比如說，莫尼爾（R. Maunier）多年前在埃及報紙的報導中描述的一件事：兩位吉普賽人產生了爭執，他們將全體族人叫到一起來解決爭端，他們開始燒掉鈔票並殺死自己的綿羊。最後，一方快要輸了，於是賣掉了六頭驢子。他的決定遭到妻子的反對，他居然將妻子刺傷。顯然在這件事中，同一種情緒有不同的表現。這是一種正式風俗，具有特定名稱。莫尼爾把它叫做vantardise；對我們而言，這與前文中前伊斯蘭的mu'aqara之間存在著緊密的關聯。我們沒必要為他制定一個宗教作為基礎。

在筆者看來，這些與「散財宴」相關聯的習俗中奇怪的潛規則只是單純的競爭本性。我們首先要將其看作是表達鬥爭需求的激烈方式。如果這都是真的，我們就可以將其看作是遊戲，一種嚴肅、神聖、重大而致命的流血的遊戲。雖是如此，在古代，遊戲卻達到提升參與者人格高度的作用。毛斯和大衛（Davy）很早以前就指出「散財宴」中的遊戲特徵，雖然屬於不同的緯度。毛斯說，散財宴是一種遊戲和標榜，大衛從法學家的角度涉及到這個問題，僅僅將其作為一種法律上的習慣。他還將其比做賭局，最終經由打賭來樹立威望，整體財富則不停的流轉。所以，當黑爾德論述說擲骰子和原始的象棋遊戲都不是單純的機遇性遊戲，是因為這是「散財宴」原則的一種外在體現，筆者會提出反對意見，之所以將他們劃分到宗教領域，是因為它們的實質是遊戲。

李維認為民眾競比（Ludipublici）這種奢侈行為是一種惡性的競賽。例如，克莉奧佩特拉（Cleopatra）用醋溶解自己的珍珠，比馬克·安東尼

的行為略勝一籌，勃艮第的菲利（Philip of Burgundy）透過在里勒（Lille）舉辦盛會的方式來體現對貴族的種種稱讚，此刻，學生可以藉著典禮的時機肆意毀壞玻璃器具。假如你贊成，這些都用其所處的時代的方式將「散財宴」精神體現得淋漓盡致。抑或為了避免如此含蓄的表述，將「散財宴」看作是人類基礎需求發展到很高層次的體現，筆者將這種現象表述為為了追求榮譽而進行的遊戲。就像「散財宴」這個專業術語，如果被看作是科學用語，我們就很可能會將一篇文章貼上相應的標籤。

流行於世界各地的贈送儀式所體現的遊戲特質漸漸變得清晰，原因是馬林諾夫斯基在其《西太平洋的航海者》（Argonauts of the Western Pacific）一書中頗具技巧、生動的描述了他在特格伯倫群島人（Trobriand lslanders）及其鄰近的美拉尼西亞人中觀察到的所謂的「庫拉」體系。「庫拉」（Kula）是一種禮儀性旅行，是居民在特定時間從新幾內亞（New Guinea）東部的一群島上出發，分別向兩個相反方向前進的活動。相互關聯的不同部落互換某些物品是其主要目的。這些有用的工具，不具有經濟價值，也不是生活中所必需的。人們會稱讚珍奇的和不好的飾品。例如，貝殼、紅色的項鍊或白色手鐲。其中很多都有名字，與西方歷史上的那些著名珠寶非常類似。它們在「庫拉」中被各種團體短暫地擁有，之後一定要在特定時間內傳到「庫拉」鏈的最後一個環節。他們具有魔力和宗教價值及歷史故事等。它們當中有些會在進入禮物圈時引起轟動，因為他們非常珍貴。這期間包含各種魔法和節慶的複雜形式，彌漫著信任和責任感的氣息。因為受到熱情招待，每個人都覺得無比驕傲和榮譽，遠行就

像歷險，整個收藏都與「庫拉」產生關係，比如帶有裝飾味道的獨木舟雕刻，行為模式、詩歌等。有時貴重物品交易也與「庫拉」有關，雖然比較少見。在古代，再沒有其他地方體現出這些美拉尼西亞的巴布亞人（Papuans），所帶有的單純的貴族化的形式，因此這比任何較文明人群的類似風俗層次要高。我們對人類在生活中對美的追求並不否認。這些產生在遊戲中的需求是不會被徹底滿足的。

　　無論是個人還是社會從童年時期到高成就的文明，被稱讚和得到榮譽的欲望始終是一個人力求完美的最強推動力。任何人在稱讚別人時也就是在稱讚自己，我們希望自己的品德可以得到認可。我們對成功的滿足感具有很強烈的欲望。我們希望自己把事情做到最好，超越他人。人們一般透過證明自己比別人優秀來表現自己的傑出和長處。競賽就是以此為目的的，這在古代很常見。

　　在古代，能夠獲得他人稱讚的自然不是完美或用權威的標準來衡量的德行。在這裡，完善品德的概念是具有流行含義的，就像德語中類似的詞語一樣。可是，德語中Tugend（荷蘭語中的deugd）和動詞taugen（deugen）是與事物特殊性質有關的詞，含義是想要或能夠做某事，這是一個代表詞彙。在標準的中古高地德語和希臘語中tugende也有同樣的意思，每件事都有其獨有的標準和特質。眼睛、斧頭、狗、馬等每件事物都是獨特的。身體的品德是健康和充滿力量，頭腦的特質是聰慧和機敏。在語源學上都是與出色有關。

　　男子的完美特質是由贏得戰鬥勝利或領導力的性質構成的。例如，智

慧、公正和大方。在很多民族看來，品德來源於男子氣息或雄性特質是一件自然的事，如在拉丁文virtus很久以來都表示勇氣，直到基督教思想占主導：含有財富、力量、勇氣、正直、舉止得當和慷慨等意味。在每個較為完善的古代社會中，無論是日本、阿拉伯還是希臘等信仰基督教的國家，無論是武士還是貴族，都具有俠客氣息。這些品德與以下事物相關：想讓榮譽立得住的唯一辦法就是得到公眾認可，甚至是他人語言上的支援。亞里斯多德將這樣的榮譽稱作是「品行的獎章」。他的境界當然比一般人高。他將榮譽稱作是自然尺度而非品性的目標。他認為，人類希望獲得榮譽，以便確認自己的價值。他們希望自己的能力被他人認可，並實現自己的價值。

所以，榮譽、德行、貴族和榮耀等都屬於遊戲的領域，因為它們起源是競爭。年輕貴族武士的人生其實是一個不間斷的品性修鍊，並為了目標而努力的過程，這樣的事實在荷馬史詩中被完整的體現出來：「致力於做最好的人，超越他人」。因此它的價值不在於戰爭中的成績，而在於英雄人物的貴族化生活訓練所發展為整個國家範圍內的訓練。這不一定完全是倫理範疇，它還包含其他意思：因城邦中的任務而成為合格公民，其最初意思是透過競賽來進行鍛鍊，這依然重要。

品德是貴族氣質的基礎，這點貫穿於其發展的整個過程，只是品德的含義會隨之改變，品德的概念會逐漸上升到倫理或宗教的高度。最初貴族只是透過勇敢來證明榮譽是品德的最高形態；如今，如果他們想做到無愧於心，就要在其品德中增加倫理和宗教的成分，以至於用武士精神來進行

填充。或者說用擺闊或儀式等可以粉飾生活和榮譽的表象。而這時的遊戲就不再有文化內涵，而是變成一種炫耀。

貴族喜歡經由勇氣、技巧、聰慧、富足、大方等來表示自己品德的高貴。就算不具備這些品德，他們也可以透過語言的競技獲得勝利。也就是說，他們可以自顧自的誇耀自己並吸引別人來稱讚他們。這種自我誇耀的行為其實也成為競賽，會逐漸發展為蔑視對手，其本身就含有競賽的意味。在大多數不同的文化中，這樣的做法占了很大的比重。我們不必懷疑其遊戲特性：我們可以藉由想像孩子的行為，來鑑別這些遊戲方式中謾罵所含的意味。同理，我們要將正規的吹噓或嘲諷競賽和那些伴隨武力競爭的逞強行為。據文獻記載，持續而強烈的爭執是由辱罵、吹噓、恭維等元素混雜而成的。

與其說這是榮譽的衝突，還不如說是武裝鬥爭更加貼切。無論是怎樣的舉動，或許很奇特，都是以侮辱他人或奪取榮譽為目的的。因此瑞慕斯（Remus）在羅馬歷史開端時輕蔑的跳過羅慕路斯（Romulus）的城牆，這對於中國而言，是一種必須回應的挑釁。另一種說法是勇士騎馬來到敵人門前，用鞭子打木板。在同樣的時代，莫城（Meaux）的公民在面對對手發射的加農炮時，站在牆上拂去帽子上的塵土。當涉及到戰爭中隱藏的競爭因素或說遊戲特質，我們又要將目光放在原來的話題上，而此時，我們所關注的就是常規「吹牛比賽」（joute de jactance）。

無需多言，這些都和「散財宴」有緊密的聯繫。以下馬林諾夫斯基所描述的內容構成了吹噓比賽或炫富比賽（揮霍比賽）的中間點，他說：在

特洛伯倫群島人中，食品儲蓄棚除了實用價值以外，還被拿來做炫富的資本。人們可以經由外表估算山藥棚的容量，如果想要估算果實數量，也可以透過屋樑的寬縫來實現。人們將最好的都放在顯眼位置，並用顏料裝飾掛在倉庫外。在村裡，無論酋長住在什麼地方，周圍的老百姓必須避免與酋長競爭，因此需要用椰樹葉把他的山藥倉蓋起來。我們可以從暴君夏桀的故事中看到類似的實例，他製造了可以划船的酒池和隨意食用的肉林。

就好比在中國，還有很多其他爭奪榮譽的形式：禮貌性的文明比賽。有一個詞語「降」，其表面意思是「向另一個人屈服」；因此，一方驕傲的獲得勝利，於是給他優先權。這樣的比賽在中國是最正規的，並且到處都有。因為他們對別人表示禮貌的用意是維護自己的榮譽，所以我們可以把這些看做是自誇比賽的另一種形式。

在阿拉伯廣泛流行著一種猛烈辱罵和抨擊的比賽形式。他們與毀壞財產比賽（即「散財宴」）有驚人的相似之處。我們前文中提到一種叫mu'aqara的風俗，比賽中參賽者會砍斷他們駱駝的腳筋。mu'aqara的第三態動詞詞根有傷害、殘害的意思。我們在如今的mu'aqara的詞義中發現了這樣一種意思：「與痛罵和侮辱性話語作戰」；由此，筆者聯想到埃及吉普賽人中盛行一種叫做uan-tardise的破壞比賽。不過，除了mu'aqara，前伊斯蘭的阿拉伯人還有另外兩個詞語來表示謾罵比賽的意思，那就是mufakhara和munafara。最有意思的是，這三個詞顯然都是同一種形式，都是由動詞第三態派生發展成的動詞。因為在阿拉伯語中有一個詞語很特殊，它是動詞的轉化形式。他可以讓任何詞根含有競賽和超過某人的意思。筆者幾乎

想將它作為詞根中動詞的最高形式。此外，從第三態衍生出來的第六態含有互惠行為的概念。還有一個詞根hasaba。含有計算和列舉的意思，如果變成muhasaba，意思是好名聲的競賽，詞根kathara本意思在數量上有優勢，而變成mukathara，就成了數目上的競賽。現在回到關鍵點：mufakhara的本意是吹牛，而munafara源自「打敗」和「擊潰」的意思。

在阿拉伯語中，德行、歌頌和榮譽的語意是很接近的，就像希臘語裡相類似的概念一樣。在阿拉伯人眼中，德行是中心概念，榮譽是其明確含義。貴族生活中，保護你的榮譽不受損害是最高的要求。此外，我們會假定對手已經激動到用激烈的語言來損害你的榮譽。其實與希臘一樣，榮譽是由社會或精神上的優越感所組成的，因此這也是構成完美特性的元素。阿拉伯人因為自己的勇氣和勝利而感到驕傲，他們引以為傲的是眾多的子孫、慷慨的個性、強大的力量、權威及眼力，或者美麗的秀髮。如果他可以超越他人，他的地位和名稱也一樣大。

在你讚美自身完美品德的同時，如果還在辱罵譏諷你的對手，那麼這就可以被稱作是hidja。即爭奪榮譽的比賽——mufakhara，一般會在穩定的時間內進行，如朝聖旅行後或年度集會時。可以是個人參加，也可以是整個家族或部落。不管是什麼時候，一旦雙方相遇，就會因爭奪榮譽而展開比賽。雙方各有一位正式的發言人（演講者或詩人），其作用很重要。這是帶有濃厚宗教氣息的，這對於前伊斯蘭阿拉伯文化的緊密團結的力量是一個刺激，可以讓他隨時保持活躍。但最初時候，伊斯蘭教並不贊同這種習慣，他們會將它限制為宮廷比賽或是賦予其宗教氣息。在異教時期，

mufakhara最終的結果常常是謀殺和部落戰爭。

在剛開始，munafara是一種競賽形式，在法官或仲裁人面前，雙方各自提出對榮譽的看法。因而衍生出兩個動詞：判斷和決定。提出一個主題或是定立一根柱子，比如說：誰是貴族的後人？可以將一百匹駱駝作為獲勝者的獎勵。為了給人留下深刻印象，就像訴訟案中一樣。雙方輪流陳訴觀點，不停的起立坐下，雙方也都支持他們的證人。之後，在伊斯蘭教時期，經常會執行判決：訴訟雙方像是傻瓜一樣渴望遭遇不幸，接受他人的恥笑。有時，munafara以押韻詩的方式舉行。為了某種目的而組成俱樂部，然後是榮譽的比賽（mufakhara），其次是相互詆毀（munakhara），在整個過程中常常會用到劍。

在古希臘中，像這樣慶典或節日性的嘲笑比賽簡直是不勝枚舉。很多人覺得iambos一詞在最開始具有嘲弄的意味。尤其是民眾的幽默短劇或是構成狄密特（Demeter）與戴歐尼修斯宴會一部分的粗鄙歌曲。這樣的謾罵同樣引發了阿爾基羅庫斯（Archilochus）的辛辣諷刺。因此，抑揚格詩歌從具有宗教性質的古代習俗起就已經成為批判的工具。那時，在狄密特和阿波羅的宴會上，男女都在唱此類嘲弄性的歌曲，抨擊女性的文學很可能是因此而發源的。

我們可以從古代日爾曼人的傳說中看到一些此類比賽的痕跡。而蓋比迪亞（Gepidae）朝廷的「阿爾博因」（Alboin）的故事，顯然是由保羅執事（Paulus Diaconus）從古代史詩中發掘出來的。郎勾波德的酋長們應邀去參與蓋比迪亞王圖里辛德（Turisind）的王室宴會。在國王對在與郎勾

波德人作戰中被殺的兒子圖里蒙德（Turismond）進行哀悼的時候，就開始對郎勾波德人進行嘲諷，用以激怒他們。他罵他們是白腳的母馬，遭人唾棄。一位郎勾波德人立刻說道：「只要到阿斯菲爾德（Asfeld）的田野上看一看，就可以知道這些母馬是頗具勇氣的，會讓你感覺慌張，而你同伴的屍體卻如老馬骨頭一般被放置在草地上。」在他們要廝打在一起的時候被國王制止住；因此，宴會結束在愉悅的氣氛中。可見，這句話將爭吵的遊戲特徵體現得淋漓盡致。其實，這是一種謾罵比賽。

在古挪威文學中，有一種形式很特殊，即人的較量。這是七月節的組成部分，也是在一種被誓言所約束的競賽。奧瓦‧奧德（Orvar Odd）的傳說中有過這樣的案例。奧瓦‧奧德在國外的另一個國度中過著隱姓埋名的生活，他將頭作為賭注，與別人打賭說要在酒桌上打敗國王手下的兩個人。他總是在向對手敬酒的時候誇讚自己過去的豐功偉績，而當他在戰場上時，他的對手卻是與女人在爐邊狂歡，躲在和平中過著讓人鄙視的生活。有時候，國王會透過自吹自擂來戰勝對手，一首〈埃達〉歌，即「哈巴斯羅加德」（Harbardslojod）涉及到托爾和奧丁（Thor and Odin）之間的類似比賽，在這點上，我們要考慮到羅基和阿薩在歡飲後進行辯論。競賽中的宗教特性被以下事實簡潔的體現出來：舉辦辯論和宴會的場所是一個「偉大的和平之地」，並且所有人都不能對他進行粗暴的行為，無論那人有什麼樣的言辭。就算是這些都是以文字形式對遙遠記憶的描述，而它們循規蹈矩的行為卻非常明顯。如果說與之後的詩作虛幻是等同的，那也是不現實的。古埃斯（Old Erse）關於麥克卡奧（Mac Dathó）的豬

的傳說和布瑞克倫德（Bricreud）的宴會中都對人做了相同的對比。德·懷斯（De Vries）對「曼加韋納爾」（Mannjafnadr）的宗教起源問題堅信不疑。其中，在哈拉德這樣的護罵比較常見，同時我們在戈姆森（Harald Gormsson）的例子裡也可以看到，它因為受到別人譏諷就想進行一場對冰島嚴懲的遠征。在於此同名的故事中，當貝奧武夫在丹麥王的宮廷裡時，他曾受到安弗德（Unferd）的譏諷和挑釁。在古日爾曼語裡，有一個特指互誇和護罵儀式的詞語，這或許是出現在鬥爭之前，或者作為宴會的一個娛樂環節。這個名詞gelp或gelpan在古英語中有炫耀、榮譽、傲慢等意思；而在古高地德語中則是指嘲諷、蔑視、喧鬧的意思。在英語詞典中，「yelp」意為表揚、讚頌，這其實已經過時；而現在僅僅做狗叫之意，作名詞時則是「自負」。

在古代法語中gab、gaber是與gelp、gelpan相對應的詞，而其起源卻不能確定。Gab是指愚弄和嘲諷，尤其是放在戰鬥之前或宴會一個環節的時候。Gaber被賦予藝術的含義。當查理曼大帝和他的12位勇士拜訪君斯坦丁堡的皇帝時，他發現了供飯後休息的長椅，共12張，查理曼建議在上面舉行睡前的嘲諷。他親自帶頭，之後是羅蘭，他默認了這樣的安排，說道：「假如我能借到雨果（Hugo）王的號角，我就要站在鎮外好好吹一下，直到大門脫開鉸鏈飛出去。假如受到國王的攻擊，我要讓他變得非常狼狽，鬍子冒火。」

喬弗·蓋馬（Geoffroi Gaimar）在涉及到英格蘭威廉·路弗斯（William Rufus）王的韻文編年史時說到自己也進行過類似的自誇，不久

後就在新森林一場射擊中殺死了國王。後來，發展到中世紀時，這類風俗漸漸少了，並被預言者的比賽所替代。他們讚揚自己的祖先，讚揚自己的首領或嘲諷婦女。其實，預言者一般是受到忽視的部族，被認為是一些愛吹牛和流浪的人。16世紀，嘲諷被當做一種娛樂行為，並且徹底摒棄了它的宗教特性。據記載，安茹（Anjou）公爵發現《高盧的阿瑪迪斯》（Amadis de Gaule）裡出現了這個活動，於是想要和臣子們一起進行。可是布西・德・昂波伊斯（Bussy d'Amboise）答應的很勉強。因此，聲明所有個體都是平等的，並且不能惡意解釋所有的話。而這樣的聚會演變為一場陰謀，因此失去威信的安茹引發了布西的崩潰。

作為社會生活的重要環節，在我們印象中，競賽是於古希臘文明的觀念相聯繫的。早在人類和社會學家還未發現競爭的重要性時，雅各・布克哈特就創造了「好勝」（agonal）這個詞，並將他作為古希臘文化的重要環節。可是，布克哈特並沒意識到這是個具有普遍性和社會背景的現象。他認為只有希臘才重視競爭，而這一點也僅限於希臘歷史的特定時期。他認為，「英雄式」的人在古希臘是最典型的，然後是「集群的」（colonial）或「好勝的」人，這些人隨後漸漸消失，被西元前5世紀人、前4世紀人（沒有特定的名稱）和最後亞歷山大以後的「古希臘人」所替代。因此，西元前6世紀的特徵應該是「殖民性」和「競爭性」，也就是一個喜歡擴張和競賽的時代。這種所謂的「競爭性」是「其他民族不能理解的衝動」。

我們可以認為布克哈特的觀點是受到古典文學限制的。在他死後，其巨著《希臘文化史》（*Griechische Kulturgeschichte*）被出版。此書記錄

了他在80年代在巴塞爾大學所做的演說，早在社會學深入瞭解人類之前，他的思想就已經成型。其實，大部分觀念是在那以後才得以認可。不過，至今還有人堅持著他的觀點，這讓人感到不安。比如維克多‧艾亨柏格（Victor Ehrenberg）一直將競爭當做希臘的特色。他說：「對於遠東來說，這從來是不被認可的。我們想從聖經中找到相關證據證明競賽的存在，卻也沒有收穫。」我們多次提及遠東、土著世界及印度的《摩訶婆羅多》。所以我們不必將時間浪費在證實此斷言的真偽上，並且在《舊約》中我們明顯發現了證明競爭與遊戲具有密切聯繫的證據。布克哈特雖然不否認原始或野蠻人中存在競賽，但卻並不重視。艾亨柏格對人類普遍競爭性還將信將疑，與此同時又宣稱那是「歷史上無趣味和無意義的」！他完全不理會因宗教目的或魔法目的而進行的競賽，並且說那是「用民俗學處理希臘資料」的方式。他認為希臘人一直存在競爭衝動，這並沒有發展為全人類的特性。確實，經由寫作，他意識到冰島於希臘在傳統上是相似的，並決定賦予他們一些意義。

隨後，艾亨柏格也效仿布克哈特將「競爭性」集中在隨後出現的「英雄化」時代中，並承認這一時期具有競爭特質。他認為，特洛伊戰爭是缺乏競爭性的，只是在「武士階級的非英雄化」（deheroizing of the warrior-class）以後，我們才有必要在這種環境中創造出一種觀念來代替英雄主義，所以這是一種早期文化階段的催生物。這些在某種程度上源自布克哈特的格言：「一個懂得戰爭的民族並不需要競賽。」這句話聽起來有道理，但是經過論證，卻被社會學家證明是錯誤的。毋庸置疑，在古希臘，

以競爭作為重要原則的各個時期中，我們可以看到人們共同為奧林匹亞、伊斯特墨斯、特爾斐和涅墨亞偉大的宗教比賽中有重要作用。當然，在此之後，古希臘文化就開始受到競爭精神的控制。

在古希臘各個階段，競賽都與宗教保持著緊密的關係，甚至當後期競賽演變成正式國家體育運動時依舊一樣。品達所創作的用於比賽的凱旋歌曲也屬於他宗教詩歌的範圍。其實，凱旋歌曲是如今唯一延續下來的一種形式。競賽的這種宗教特性在各個地方都很明顯。斯巴達少年成年時需要接受類似考驗，在祭壇前忍受疼痛，從原始民族中，我們也可以發現類似的情況。品達多表現的是一個奧利匹克運動會上的勝利者延續了老祖父的生命。在古希臘，一般比賽會被分為不同的類別：國家的和公眾的、法律和軍事的、財富、力量和智慧的競技。這樣的劃分似乎體現了文化中競爭的早期發展。把在法官面前的訴訟稱作競爭的做法，不應該僅僅被布克哈特當做比喻，而應將其作為與古代觀念相關聯的例證，在這點上，還有很多需要闡述。嚴格來說，訴訟案件其實也是競爭的一種形式。

希臘人眼中，無論是什麼，只要可以展開鬥爭，就會發展為比賽。雅典娜祭日和提修斯節日中有一個環節是男士的選美比賽。在宴會中會涉及到猜謎、唱歌、喝酒等環節。而這些也是帶有宗教特性的。在喬恩（Choen）節日中有一個環節是大量飲酒、喝烈性酒，被稱為水罐的盛宴。而當亞歷山大為了慶祝卡拉諾斯（Kalanos）的死而開展體育音樂比賽時，勇敢的酒徒們受到鼓舞，當場死去35個參與者，後來又有6個丟掉性命，這中間就有獲獎者。我們可以發現，在這些需要大量進食或喝酒的比

賽中，也與「散財宴」產生密切關係。

　　艾亨柏格之所以會否認競爭不存在與羅馬文明中，是受到狹隘的競爭原則的影響，或者說是讓羅馬文化帶有一種反競爭的特質。的確，這其中自由人間的比賽只占很小一部分，卻並不能說明羅馬文明缺乏競爭特性。不如說我們發現競爭意識從主角身上轉化到觀眾身上，觀眾只能看到特定人群的鬥爭。毋庸置疑，這與羅馬比賽本身的宗教性質是密不可分的，這樣的形式很適合存在於宗教中。我們會認為選手代表觀眾的意志：戰爭的目的是為了觀眾的利益。而一些野獸間的比賽雖然參與者是奴隸，但卻依舊充滿競爭色彩。ludi和ludivotivi都與常規的年度節日無關，後者是在榮譽擔保下以誓約形式進行的，一般為了凸顯對祖先的忠誠度，或者其他避免神靈憤怒的行為。一旦冒犯或打擾了儀式，整個活動就無效了，這也表表示其中帶有宗教性質。

　　雖然羅馬鬥獸帶有迷信、血腥、不開化的色彩，卻一直與「ludus」這個表示歡愉自在的詞語保持聯繫，這一點意義重大，該如何理解呢？讓我們回顧希臘文明中競爭發展的鼎盛時期。根據艾亨柏格所堅持的來自於布克哈特的觀點，有一個觀點類似於以下的臺階序列：首先是英雄化時期，先後迎來嚴肅格鬥和戰爭形式的希臘化（Hellas）的興起，但並不存在競爭特質。之後，當國家在鬥爭中漸漸失去英雄性質，於是，希臘進入了「競爭時期」，這種情況持續了幾個世紀。正如艾亨柏格所說的一樣，這是「從戰鬥到遊戲」的轉變，是示威的標誌。而且，競爭原則的發展導致了國家的衰落。艾亨柏格接著闡述：競爭本身意義不大，卻導致思想和生

活上失去了嚴肅的特性，人們不關心外來衝動，為了獲勝而進行的遊戲簡直是浪費。從這句話中我們總結出很多結論，可就算承認希臘社會到了只存在競爭熱情的時期，希臘依然是一個遵循艾亨柏格所假定的特殊過程。我們看待文化時必須結合競爭原則或特殊方式。希臘沒有經歷戰爭和遊戲相互過度的環節，只經歷了文化中日益發展出帶有遊戲性質的競賽。與其他地方一樣，遊戲因素一直存在於希臘文化中，並佔據重要地位。我們的區別應該是：幼稚的遊戲是以各種遊戲形式來體現的，有的嬉戲，有的嚴肅，但都基於儀式慶典並導致文化產生。它催生出人類的改變、節奏、和諧、高潮等各種需求。與其並存的是為了尊嚴、成就感、美麗而奮鬥的精神。宗教特性、音樂、邏輯、魔法等都體現在高尚的遊戲過程中。之後的時代會將理解此類期望的世紀命名為「英雄式的」。所以，文明的競爭性和對立性會在遊戲開始的時候凸顯出來，因為比起文明，遊戲更加原始和古老。因此，讓我們回顧羅馬的ludi，我們確定，因為它將這種文明力量的獨特性表現得淋漓盡致，因此拉丁語將宗教看做是遊戲是正確的。

在文明的發展過程中，競爭得到最美的、最顯著的展示。隨著文明程度的加深，紛繁複雜的事物隨著社會發展而更有秩序，古老文化土壤中培育出規則、教義、條款、高層次概念等，而這些卻不與遊戲產生聯繫。這時的文明是嚴肅的，遊戲的位置是次要的，隨著英雄化時代的終結，競爭性也失去發展的空間。

第4章

遊戲和法律

乍一看，似乎正義、法學、法律與遊戲是沒有絲毫關係的。而在於法律產生關聯的領域中，嚴肅和莊重、注重個人和群體利益是最重要的特點。而表示正義或法律的詞語，都是起源於安排、制定、約定、命令中的。這些與遊戲似乎並無關聯，甚至背道而馳。可是就像我們所發現的，雖然訴訟案件有嚴肅性，但也不能忽略它的遊戲特性。

當我們發現，不管法律的基礎是什麼，在實際操作中，也就是訴訟過程中，法律與競賽是非常類似的，因此遊戲與法律的聯繫也就非常緊密了。在上文描述「散財宴」的過程中，我們已經發現競賽與法律起源或許有關聯，大衛是唯一一個從法律的角度來探討「散財宴」的人，他將其看做最初的因契約或義務而組成的系統。希臘人認為訴訟案是一場比賽，受到特有規則的約束，是莊重的。參與者最終必須經過仲裁人的裁決來確定輸贏。我們不應該將此觀念看作一種晚期的、觀念的發展，更不要看作是艾亨柏格所認為的那種退化了。其實，這個過程是按照反方向推進的，因為是競賽引發了法律訴訟。這種特性至今存在。

競賽意味著遊戲。我們沒理由不承認競賽的遊戲特性。

在當今法律生活中，我們依舊可以區別開遊戲和競爭。並且，社會公正的需求導致二者都帶有嚴肅性。第一，正義的判決必須在法庭中進行。法庭在這裡依舊是神聖的場地，體現了在阿基里斯之盾的護衛下端坐其中的法官們的姿態。進行此類宣判的場所都是實實在在與世隔絕的聖地。在古佛萊芒語和古荷蘭語中它們被稱作uierschaar，表面含義是指用四個繩子圈起來的空地，或四個板凳圍起來的空間。可是，無論形狀如何，這都是

一個遊戲場所，並不存在等級的劃分，從表面上理解，意思是將空地用四根繩子或四條凳子圍起來。可是，無論是圓形還是方形，它就是一個遊戲場，就像魔圈一樣。在這個圈裡，暫時沒有等級差別。對於走進圈子的人來說這都是一個臨時的聖地。在發起他漫長的攻擊之前，羅基堅信自己是存在於「一片和平的聖地」的。

英國的上院就是一個純粹意義上的法院；所以大家都認為，作為上議院長這個沒有實權的大法官，他的席位「嚴格地說是在議會範圍之外的」。一旦當那些執法者將假髮戴在頭上，將法袍披在身上，他就超出了「正常生活」的範疇。對於人類學是否已經將英國法官和律師的服裝作為一研究對象，筆者並不是很瞭解。不過筆者認為，這與17、18世紀所流行的假髮是不同的。法官所戴的假髮其實是由中世紀英格蘭律師們所戴的頭巾發展而來的，被稱為「考伊夫」（coif），之前是一種非常緊的帽子。如今，假髮邊緣上的小白邊就是這種帽子款式的殘留。但是，法官的假髮在功能上是與野人跳舞時所帶的面具有緊密關聯的，而不僅僅只是舊衣服款式的遺留痕跡。它可以讓佩戴者轉變成一種特殊的「存在形式」。並且這並不是英國人所特有的濃烈的傳統在法律領域遺留下來的特質。

古代社會中法律有一個明顯的基本特徵，即在英國訴訟過程中存在一種明顯的冒險精神和幽默感。雖然歐洲大陸的法律訴訟一直都比英國要嚴肅，但帶有一些上述特徵。在現代訴訟案中的法庭辯論環節，其風格和語言經常含有一種喜歡爭論或反駁的與運動員相類似的激情。很多爭辯其實含有很大的詭辯意味，這些讓筆者一位法律界的法官朋友想起了爪哇的論

辯（adat）。他說，每當發言人在那裡贏得一場辯論的勝利時，就會在地上插上一些小棍子，因此那一天，誰擁有了所有棍子，誰就贏得了最終的勝利。歌德（Goethe）在描寫總督宮（Doge's Palace）威尼斯法庭的一次審判時就將法律訴訟的遊戲性質保留了下來。

或許，這些散亂的言論會成為我們探討司法和法律間真正關係的基礎。讓我們將目光再次轉移到法律訴訟的那些古代形式上。在任何時候，都是雙方想要達到目的的強烈欲望在支配著法官面前的訴訟案。他們是如此渴望成功，所以任何時候我們都不能忽視這種競賽的因素。假如這一點不足以體現遊戲和司法之間存在何種關係的話，那麼法律形式的特點則成為筆者進行論證的籌碼。在法律上，訴訟總是要受到某一套由限制性規定的控制。這些規定，不僅僅是對時間、地點進行了特定的限制，還將訴訟案堅固的放置在遊戲範疇內，雙方必須在遊戲過程中遵照一定的規則。對於遊戲和法律間，尤其是在古代文化中的正面關連，我們可以從以下三點來看待：

一、我們可以將訴訟案看作是一場比賽

二、一種憑運氣的遊戲

三、一場舌戰

如果一個現代人脫離了抽象的正義觀念，他便不能想像到底什麼事可以稱之為公正。首先，對於我們來說，訴訟其實是一種爭論對錯的形式，主要的目的不是輸贏。而如果我們想要瞭解來自古代的正義觀的話，就需要將以上的價值觀都拋開。如果我們先將高度發展的執法情況放在一邊，

關於文化發展較落後階段中的情景，我們可以發現，比起是否正義這一對相對的法律概念，競爭觀念，即輸贏觀念要重要的多。在古代人看來，輸贏這個具體問題更加受到人們的關注，而正義與非正義這類問題卻開始被人忽略。當我們接受了這些淺顯的倫理標準，讓我們再來回顧，就會發現競爭因素已經在劇烈增長。並且隨之一起增長的還有偶然性因素。最終，我們會發現自己是存在於遊戲範疇之內的。我們所面對的世界是屬於心態領域的：在這裡，司法判斷的觀念和遊戲即聖裁、抽籤、神諭、神裁法等融合在一起，由單一的思想變成一種複合思想。人們透過努力，講求正義，並且非常真誠的受到遊戲規則的控制。當我們因為猶豫不決而用抽籤或「拋硬幣」的方式來解決問題時，恰巧也表明我們絲毫不用懷疑這樣的決定。

在我們看來，命運、運氣和聖意之間是有區別的。作為概念，我們並沒有將它們混為一談；但是在古代人看來，它們的性質是相似的。或許，人們會透過對命運表象的瞭解來瞭解命運本身。我們並不清楚是否能夠獲得成功，而一旦我們進行了嘗試，就會得到一種神諭的裁決。當你扔石子、抽籤或「紮聖經」的時候，神諭就會做出相應的回應。在《出埃及記》中，摩西受命把烏陵和土明（不管他們是什麼）放在決斷的胸牌裡，亞倫因此「在上帝面前就可以一直把以色列人的決斷牌一直帶在胸前」。一般來說，都是高級祭司在佩帶這樣的胸牌。

在《民數記》中，祭司以利亞撒向耶和華求問，就是「憑烏陵的判斷」。同理，在《撒母耳記上》中，掃羅命令兒子約拿單和他進行擲籤。

經由這些例子，我們可以清楚的看到在偶然、神諭、判決三者之間到底存在什麼樣的關係。阿拉伯人在前伊斯蘭教階段就已經熟悉這類抽籤的方法了。最後，《伊利亞德》中宙斯在戰爭開始前夕用以預測人類是否會死亡的神秘天平，從本質上來說也是同樣的東西。「之後，天神將兩個金黃色秤盤用繩子穿起來，並放上去兩份『慘死』，其中一份給披著鎧甲的希臘人，另一份給逢戰必勝的特洛伊人。」

可見，宙斯是將這種「衡量」或稱量作為裁決方式的。在此，上述三者的概念可以進行完美的結合。出自荷馬想像的正義天平所謂的平衡狀態是具有偶然性的象徵。在這一時期內，所有道德真理問題或邪不壓正的想法都是不存在的，而是產生於之後的漫長時期。

《伊利亞德》第18章中所描寫的阿基里斯的盾牌上有一副畫，描繪了這樣一幅審理訴訟案時的場景：聖圈中端坐著一位法官，中間擺放的是作為獎品獎勵給公正裁決者的泰倫脫黃金。人們將這些黃金描述為雙方爭執的目標物。可是，如果綜合整個場景來進行分析的話，我們更傾向於將他它說成是獎金或賭金，而非爭奪的目標。所以，在法庭審判或抓鬮遊戲之間，似乎後者更加合適，需要強調的是，天平的本意是泰倫脫（talanta）。因此，筆者個人覺得，出現在詩人面前的應該是這樣一幅畫面：在一架真實的，象徵正義的天平兩端，坐著兩個訴訟者。一般來說，判斷的依據是最初的風俗和稱量；也就是說，做出決定的是命運的神諭。當這樣的風俗變成詩文，也就不好被理解了。因此，我們會誤認為talanta就是金錢，而讓其意義發生了改變。

在希臘語中，存在各種各樣的意象，無論是完全抽象的，還是非常確切的。它們的用法很多，例如，賠償、抽象的正義概念、訴訟案中雙方送取，法官分配，或者是公平的份額。當然，它也可以指代訴訟本身、處罰和判決。雖然我們會認為，一個詞的意思如果具體到某一細節，也就與其本意最接近，然而維爾納·耶格（Wener Jaeger）在狄刻（Dike）這件事上卻不這麼認為。在他們看來，其本意是抽象的，而具體的含義則是一種衍生。筆者認為，這些與下面的事實並不契合：其實，「正義的」和「正義」這些抽象的詞彙是從dike發展而來的。雖然他們之間有密切聯繫，然而前文中我們所討論的執法和擲籤之間的關聯，卻應該屬於詞源學範圍內的課題，也就是將投擲和扔作為起源點。對此，耶格並不贊同。希伯來人也將「投擲」和「正義」結合在一起，因為thorah（正義、公正、法律）與一個表示投擲、擲籤、神諭的詞根具有緊密聯繫，這是毋庸置疑的。

另一個重要的因素是，有時候，無常命運女神堤刻（Tyche）的圖像會代替硬幣上的狄刻（Dike）的圖像，而在她手上也有一架天平。哈里森在她的《忒彌斯》（*Themis*）一書中寫道：「並非後來對這些神進行了合併，他們源於同一個概念，然後才分出了諸神。」我們同樣可以從日爾曼的傳說中找到描述上古時期命運、正義和偶然之間聯繫的語句。直到現在，荷蘭語中「lot」一詞還帶有「世人命運」的意味；與此相似的是德語中的「Schilksal」，本意是上帝的賞賜或派定，同時這個詞還有另外的意思，即可以體現人們抽籤活動中運氣好壞的事物。例如，最短或最長的火柴棍或籤。對於究竟哪一種意思還是其本意，我們顯然無法確定，因為現

代人早已將二者混淆起來。宙斯透過一架天平來同時進行對正義和命運的神聖裁決。古冰島神話中的阿薩，決定世界命運時所用的方法是擲骰子。不管「聖意」展現在人們面前的是怎樣的形式，在古代人看來，都是沒有區別的。比如：根據木棍和石子下落來判斷、這是一場武裝鬥爭的結果等。而用撲克牌來算命這種方式在過去曾經根深蒂固的存在於一種遠比撲克牌本身還要久遠的歷史傳統中。

有時候，伴隨著武裝格鬥的，還有一種遊戲，即擲骰子。當赫魯利（Heruli）和郎勾波德人搏鬥時，其國王提奧德里希（Teoderich）居然在魁俄茲（Quierzy）所搭建的帳篷中擲骰子。

當我們看到「判決」（德語中的「Urteil」）這個詞的時候，不由想起「神裁法」（「Gottesurteil」——上帝的判決）。很明顯，在這兩個詞的詞源上具有某種關聯性。「神裁法」完全可以理解成「神聖的判決」。但想要讓「神裁法」的含義在古代人心中確定下來，則是非常困難的。乍一看，也許原始人相信眾神體現正義或類似含義時是用考驗或投擲活動來進行的。我們不知道眾神到底將命運指向了什麼方向。而用奇蹟來體現正義卻是基督教後期發展出來的解釋。然而，其自身或我們所說的「神聖的判決」觀點的來源或許比這要早。剛開始時，「競賽」一定是「神裁法」的出發點。古代人認為，這些勝利都證明了正義和真理。

任何形式的比賽，不管是憑運氣的遊戲還是一場關於力量的比拼，其結局都取決於眾神的聖裁。假如我們承認以多數票獲勝的結局或「一致通過」的結局時，我們依舊是沉溺於這樣的思維方式中。如果說這種原則發

生了轉變：競賽（或神裁法）是真理和正義的表現。那麼只有一種可能，即宗教體驗已經發展到一定程度。因為骰子的動態或戰爭的結局都是在神性指引下完成的。如果說運動比賽中的裁決方法引發了宣判（因此也就有了正義自身）和神裁法中的考驗，那麼無論是碰運氣、抽籤還是在某種素質（力量、耐力）方面的考驗，比賽的結局都有權利進行最終的判決。為了勝利而努力，這原本就是一個神聖的過程。然而，如果受到來自正邪觀念的刺激，這些努力就會發展到法律領域；並且如果著眼於那些關於「神力」的確定觀念，又會發展到信仰領域。可是，遊戲在這其中是最根本的東西，也就是導致理想上升的源頭。

古代，在處理法律糾紛的時候，有時是透過賽跑或賭博來解決的。我們總會將「一場賭博」這樣的觀念放置在某一種關聯中，就像我們在研究「散財宴」時所能發現的，雙方的比拼在這樣的關聯中最終引發了一個以契約和義務為組成部分的原始系統。可是，我們在原始社會習俗中常見的正義，除了「散財宴」及狹義上的神裁法之外，也可以被看做為了確定一件事情或判決中的某種固定關聯而開展的比賽。

奧托・吉爾克（Otto Gierke）收集了大量叫做「法律中的幽默」的遊戲和正義混雜在一起的怪例。他僅僅是將其看做是對「人民精神」的遊戲性質的闡述。其實，只有在引發法律功能的源頭處，即競賽中才能找到適合於他們的科學解釋。「人民精神」自然是具有遊戲性質的，雖然比起吉爾克的設想，這一精神所占的層次會更深一步，並且這種遊戲本身就含有某種含義。因而在古老的日爾曼，有一種使用扔斧頭或賽跑來確定土地、

村子或「公地」疆界的法律習俗。任何人的要求都需要用這樣的遊戲來測試其是否具有正當性，此人的眼睛將會被蒙住，並去摸指定的人或物，抑或是滾一個雞蛋。透過以上的例子，我們所要研究的是碰運氣的遊戲或憑藉力量進行考驗而做出的決定。

各種競賽在挑選新娘或新郎時會顯得特別重要，這並不是偶然現象。正如荷蘭語中的「bruiloft」一樣，「wedding」一詞的歷史可以一直追溯到人類社會或法律萌芽的地方。盎格魯-撒克遜語「wed」是由拉丁語「vadium」發展而來的。之後，又出現了「wedding」意思是「擔保物」或「誓言」。人們就是透過這個詞來保障訂好的婚約。古英語brydleap，古挪威語brudhlaup及古高地德語brut-lonft有一個特定的對應詞，即「Bruiloft」意為婚禮。也就是為了搶奪新娘而進行賽跑比賽，這是在面對新郎眾多情況時的一個主要方式。丹娜黛絲（Danaids）和珀涅羅珀據說都是這樣被娶走的。問題的重點不是這樣的比賽只出現在神話或傳說中，抑或可以被證明一直流傳至今。關鍵點是以下的事實：透過比賽來選擇新郎的觀念確實存在。在古代人看來，就像人種學家所表達的一樣，婚姻是「有待考驗的合同，一種波多來奇式的風俗習慣」。《摩訶婆羅多》中描寫了德蒙帕蒂（Draupadi）的追求者們必然經過各種各樣的測驗，《尼伯龍根之歌》（Nibelungenlied）中對布倫希爾德（Brunhild），以及《羅摩衍那》中對希塔（Sita）的追求者的描寫；都與以上的例子相似。

然而，若想擁有新娘，追求者不僅要受到除了力量和勇氣上的測驗之外，還要受到智力和知識的測試，比如，回答難題。那古英覺得，在安南

年輕人的聚會中，這樣的比賽所發揮的作用是非常重要的。女孩會考驗自己的情人。在冰島的傳說中，也有相關的記載，體現了新娘為測試追求者而設置的知識測驗，雖然採取的是其他形式。托爾向最聰明的矮人艾爾維斯（Alvis）承諾，如果他可以回答出他設置的所有關於暗名的問題，托爾就會將女兒嫁給他。這一個主題〈福傑爾辛斯馬〉（Fjolsvinnsmal）中發生了一些重要的變化。那位因求婚而進入險境的年輕人向處女守護神提出了種種問題。

讓我們將目光從競賽中轉移出來，聚焦在賭博上，因為這也與誓約有緊密的關聯。在法律訴訟中存在的賭博因素通常有兩種表現形式。首先是訴訟案中的原告拿出擔保物作為籌碼，以此來向對方挑戰，並奪回想要的權力。一直到19世紀，英國法律在民訴中所採用的方式依舊是兩種叫做「賭注」（Wager）的斷訟法。其一是宣誓斷訟法，是原告告誡自己要在某一個日子中發誓自己是無罪的；其二是決鬥斷訟法，即原告方提議進行公平決鬥。雖然它們在很長時間內已經被擱置不用了，但直到1819年和1833年它們才被正式取消。其次，我們發現，尤其是過去的英國，除了正式訴訟案中的賭博因素外，還有一種常見的做法，即公眾經常在法庭外針對結果打賭。當安・波莉安（Anne Boleyn）和她的同夥受審時，因為她哥哥羅希福特（Rochford）為自己進行了有力的辯護，所以塔樓（Tower Hall）中的人們預測，他獲釋的可能性為10比1。

在衣索比亞（Abyssinia），人們經常在辯護或聽證中間的間歇時間段針對審判的結果進行打賭。就算是在受到義大利統治的時代，訴訟也依舊

是一種能夠給當地人帶來樂趣的運動和愛好。根據英國的一份報紙報導，有一個人，他在遺失了箱子的第二天去找法官，並且流露出這樣的語氣：雖然我的律師很差勁，但我還是很開心，我為了錢財去參加了一場角逐。

經過對目前所掌握的和古代社會中在法律領域內不同的訴訟形式，我們將訴訟中的遊戲形式分為三種：舌戰、碰運氣的遊戲和競賽。就算伴隨著文明的進步，從表面上訴訟中的遊戲因素已經完全喪失，我們依然應該將其看做是一場舌戰。但是為了服務於辯論主題，我們只將精力放在舌戰的部分，因為在這階段，競爭最為激烈。同時正義的理想基礎卻也最薄弱，是那些讓人詫異的攻擊和謾罵導致天平失去了平衡，而不是精心策劃好的法庭辯論。在這種辯論中，所有人的焦點都集中在怎樣想方設法用惡毒的語言壓過對方，最終佔據優勢地位。這種「相互謾罵」的社會現象我們已經在前文中討論過了，通常情況下，這樣的謾罵都是以獲得名譽為目的的，並在抑揚格等遮掩下進行。可是從真正意義上的吹牛比賽（jonte de jactance）轉變為互相攻擊謾罵，這一過程是非常含糊的，假如我們將焦點放在如何證明遊戲和文化，也就是格陵蘭島上愛斯基摩人的歌賽和鼓賽（drumming-matches）之間所具有的緊密關聯時，這一個過程就變得明晰了。讓我們帶著專注的態度來研究這個問題。因為我們發現有一種活動至今依舊流傳在社會上（至少是到近期）。在這當中，我們熟悉的作為司法權的文化功能卻依舊屬於遊戲的範疇。

假如一個愛斯基摩人對他提出控訴，他就會向其宣戰，然後進行擊鼓比賽（丹麥語Trommesang）。整個部落的人們都會盛裝出席節日大會，

興高采烈的觀戰。兩名參賽者以擊鼓聲為背景音樂，輪流用吟唱辱罵性歌曲的方式來攻擊或指責對方的不恰當行為，至於形式，則沒有什麼區別。常見的有：有理有據的責難，讓觀眾忍不住發笑的嘲諷，完全意義上的誹謗。一般來說，這樣帶有攻擊意味的演唱都含有侮辱對手的成分。比如說，哼的一聲表示輕蔑、將對手的下顎撬開、用自己的前額去撞擊對手、將對手綁在柱子上。對於這些，被告也必須有所回應，一般都是嘲弄的笑一笑，一副淡定的摸樣。觀眾一般都會跟著哼唱副歌，為雙方鼓掌。還有一些人坐在座位上睡著了。間歇的時候，參賽者的交流都是非常友好的。這類比賽的賽期可以一直延續下去。在這個過程中，參賽者會不停想出一些新的歌曲來控訴對方，最終的裁決權是在觀眾手上。一般來說，人們馬上就可以重新建立起友好的關係，不過也會出現類似於因為躲避辱罵而全家都搬走的例子。婦女也可以參加這種比賽且一個人可以在同一時間參加數場擊鼓。

最關鍵的是，在這個過程中，在一些具有此類風俗的部落中，司法判決已經被這類的活動所取代。除此之外，沒有其他的司法途徑。人們將其作為解決問題的唯一方法，並且確實也沒有其他的方式可以影響到公眾的判斷力，就連殺人案這樣的事情也是以這樣的方式來解決的。假如在鼓賽中戰勝了對手，就可以免去懲罰。一般來說，引起這種比賽的因素都是女人們的閒話。我們要把將這種手段看做一種娛樂的部落和將其作為正義手段的部落區別開來。另外一個則會影響到暴力在什麼程度之內是合法的。有些部落中允許毆打行為，而很多部落最多也就是將對手捆起來。最後還

有一點，除了鼓賽，摔跤和拳擊有時也可以成為解決問題的方式。

　　所以說，我們所提到的是一種用比賽的手段來達到司法效果的文化性活動，依舊屬於遊戲範疇。整個過程都是充滿歡樂的，而最關鍵的目的也是讓觀眾進行娛樂和放鬆。在《塔爾比茲夕書》中，伊格西爾韋克（Igsiavik）說道：「下一次我會做一首非常滑稽的新歌，然後將這個傢伙綁在柱子上。」其實所有人的娛樂來源就是這些鼓賽。就算沒有贏得成功，他們也會帶著娛樂精神去進行。有時他們會唱一些謎語歌來顯示自己的才能。

　　與鼓賽相類似的是一些經常在農民法庭中進行的、以挖苦人為目的法庭審判，它們看上去一般非常滑稽。藉由這種形式來對一些小的違法行為進行懲處。這種現象多見於日爾曼國家中，且大部分涉及到性。比較著名的是「趕山羊」（Haberfeldtreiben），這一活動是介於嚴肅和遊戲之間的，透過拉帕斯威爾（Rapperswil）的年輕人們的「吵嘴」（Saugericht）而獲取證據，最終向高一級的法庭進行上訴。

　　顯然，愛斯基摩人的鼓賽和前伊斯蘭教階段的吹牛和謾罵比賽，冰島表示憎恨的歌（nidsang），「散財宴」，古代中國的各種競賽及古挪威語中的mannjafnadr都是屬於同一範疇。此外，這些風俗的起源和神裁法在「由一個奇蹟導致的一次神聖判決」這個層面上是沒有半點關係的，聖裁觀念在抽象的邪惡觀和正義觀這個領域是屬於從屬地位並依託於前者的。關鍵點是透過這些比賽做出最終判決，也就是經由遊戲來解決問題。阿拉伯人的munafara或nifar與愛斯基摩人的風俗是非常相似的，他們都會以名

聲和榮譽為目的而在仲裁人之間進行爭鬥。透過拉丁字iurgum，我們也可以感受到辱罵和訴訟二者在起源上的關係，它是iusigum（ius+agere）的縮略語，表面意思是「法律訴訟」；此外，我們還可以參考「litigation」（1itigium，爭吵的行為）和英語中的「objurgation」（譴責）一詞。從鼓賽的各種標準來看，一些源於文學的事物，比如阿爾基羅庫斯謾罵攻擊萊凱姆勒斯（Lycambes）的那些歌曲與我們的觀點也是相符合的，甚至我們可以此為基礎來研究赫西奧德對其弟弟柏色斯（Perses）的告誡。沃納・耶格認為，希臘人在政治領域的諷刺行為在剛開始是為社會目的服務的，而不只是一種報復或說教行為。我們可以確定，這與愛斯基摩人的鼓賽沒有什麼本質上的不同。

有一項事實是非常真實的，即在羅馬文明和古希臘階段，人們依舊難以區分超越法律的演講和謾罵之間的區別。雅典人伯里克利和菲迪亞斯（Phidias）擁有的法律方面的雄辯術依舊是一種考驗修辭靈活性的活動，不會拒絕一切勸說方式。大家都認為從法庭和公共論壇可以學到這兩種技藝。這與搶劫、獨裁、軍事暴力一起組成了柏拉圖的《智者》所確定的「追捕」對象。我們可以從智者身上學會怎樣將一宗處於劣勢的案子翻轉過來，甚至將贏得這樣官司的勝利。一般來說，政治領域的年輕人都是因為一椿誹謗案而開啟他的職業生涯。

在羅馬，在很長時間內訴訟案中用於誹謗的方式都被公眾認為是合法的。訴訟雙方都沉浸在悲痛中，抽泣著、歎息著，懇求公益。因此，法庭中坐滿了聽眾和各種證人，訴訟的場面是異常震撼的。簡單說來，他們

將我們能做的所有事都做了。人們會不僅回憶起手舉美國國旗，審判豪普特曼（Hauptmann）時猛擊《聖經》的律師，或者是在荷蘭時共事的人。那位精神病學家的鑑定報告在一件令人震驚的刑事案件中被毀壞了。對於衣索比亞人的法庭審判，李特曼（Littmann）做出了以下描述：「原告顯得非常老成，演說也非常精彩。在他的論述中充滿了各種諺語、俏皮話、奚落及嘲諷和蔑視，並且還配有生動的姿勢，可怕的吼聲，最終將被告擊敗。」

當斯多噶派哲學漸漸流傳開來，大家才竭盡全力將法庭的雄辯術從遊戲領域中拉出來，並且按照斯多噶派學者們所宣稱的真實和嚴厲的準則來讓整個過程得到淨化。盧提留斯・盧福斯（Rutilus Rufus）是第一個想要將這種新方法付諸實踐的人。他在敗訴後無奈的過上了流亡的生活。

第5章

遊戲與戰爭

人們在指代戰爭或遊戲的詞語誕生後，開始習慣於將遊戲看作是戰爭的本質。我們不禁問自己，這是否只是一種比喻，最終我們所作出的回答是否定的。而各地的語言在這種情況之後也開始趨於用同樣的方式來對事物進行描述了。

　　在古人看來，將這兩個概念混在一起是絕對正確的。的確，那些受到規則限制的鬥爭針對其限制性來講，正好也凸顯了遊戲的特質。我們可以將它看做是最開始的、最明顯、最激烈有力的遊戲形式。兒童之所以和幼犬打鬧，就是為了找到某種樂趣，而這種激烈的打鬧是要受到某種規則控制的。可是，就算是發生了死亡、流血等情況，人們也不會取消那些對合法的激烈鬥爭的限制。在人們眼中，那些出現在中世紀騎士間的比武大會是一種虛假性質的比賽，所以也可以說是一場遊戲；不過，從形式來看，它們確實是以飽滿的熱情為基礎，甚至會出現流血死亡事件，這與前文中阿伯納和雅各所說的，發生在年輕人群體中的遊戲是非常相似的。如果想從遙遠的歷史時期中找一個含有大量遊戲成分的例子，我們可以將目光聚焦在1351年在布列塔尼（Brittany）的那場「特倫特戰役」（Combat des Trente）中尋找到多少遊戲因素。可是，從全域來看，遊戲特性確實得到了相應的體現。與此相似的是1503年那場著名的「巴勒塔爭鬥」（Disfida di Barletta），這場戰爭發生在13個法蘭西武士和13個義大利武士之間。無論從什麼角度上說，作為一種文化功能的爭鬥，必須建立在限制性規則的基礎之上，並且要獲得遊戲性質的承認。我們只會將那種在特定範圍內發生的戰爭看作是具有文化功能，因為在這個區域中，參與者會將對方看作

是擁有平等權利的競爭敵手。也就是說，是戰爭的遊戲形式決定了他的文化功能。當戰爭中的平等因素消失後，鬥爭就不再是人之間的鬥爭，也可以說他們已經不再具備做人的權力，例如，異教徒、野人、惡魔、法盲。因此，各種情況都會發生轉變。如果是這樣，戰爭中的遊戲性質會完全消失，並且其存在範圍會縮減到文明的束縛之中或是戰爭雙方為了獲得名譽而商量好的領域內。一直到近代，人們才經由完善法律來建立一個穩固的限制性體系，並以此為基礎來對追求權力的人群或團體的理想觀念進行認可，同時還會以宣言的形式把和平與暴力中的戰爭狀態剝離開。所謂的「總體戰」（total war）理論則將遊戲因素的最終殘餘力量和戰爭的文化功能一同摒棄。

　　如果我們認為在競賽中存在一種穩固的遊戲作用的觀點是正確的，那就會產生一系列的問題，即在什麼情況下我們才可以將戰爭（我們都認為戰爭是由競爭發展而來的）看做是一種社會的競賽性功能，因為很多鬥爭的形式並不表現為競賽，比如，我們不能把大屠殺、伏擊、討伐或突擊說成是具有競爭性質的戰爭，就算他們與比賽型戰爭是從屬和被從屬的關係。同時很多政治目的，如說征服、統治其他民族或是掠奪，並不存在於競賽的當下範圍之內。競賽性因素的生效是有條件限制的，即戰爭雙方都將自己或敵手的目的看作是取得自認為可以取得的東西。雖然這只是個藉口，卻是切實存在的。就算有時戰爭的目的純粹是為了欲望，雖然這樣的情況不是很多，對於侵略者而言，這也是一場以名譽為目的、神聖的戰爭或懲罰。不管一場戰爭是發生在古代還是發生在近代社會學家和歷史學家都喜歡將這一點無限放大，他們認為，戰爭的目的無非是搶奪物質利益

或權利。雖然戰爭發起方，也就是政治家們，總認為戰爭屬於權力政治的範疇內，可是根據各種案例來看，戰爭並不一定是以獲得經濟利益為唯一目的，而更多的是參與者對權力的渴望，自負自大的心理及自我優越感的膨脹與浮誇。我們可以從榮譽中為侵略戰爭找到實質性的、合理科學的解釋，而這樣的描述則是與政治權利和經濟壓力所不相干的。一些發生在現代的，為了榮譽而進行的戰爭，很多都讓我們感到悲痛，因此我們很容易再次回到古巴比倫王國和亞述人的戰爭概念中去，引發戰爭的是上帝所給予的榮譽及上帝所發出的消除異派的指令。

　　一般來說，普遍意義上古代戰爭中的遊戲因素，可以被直接而又歡快的體現出來。我們正在計畫對古人的那些相似的觀念進行深入探討，在他們看來，命運、比賽、機遇、裁決及遊戲，這些事物的性質都是神聖的；因此，這樣的頭腦也很容易萌生出戰爭的衝動。一個人發動戰爭的時候，很可能是為了獲取一種對於神來說合情合理的抉擇，而神的意志也正好透過戰爭的輸贏來進行驗證。所以，除了一些可以知曉神的選擇方式，比如說擲骰子、竭盡全力的參與戰爭、與神進行交流、用惡毒的語言來攻擊對手之外，我們就只能借助戰爭來實現這個想法了。就像我們能夠看到的一樣，在德語中，有一個詞是用來表現神裁法的，即「Gottesurteil」，而這個詞中則蘊含著上帝和決斷之間的巧妙聯繫。雖然追根溯源，神裁法也不過是一種非常簡單的判斷方式，或者是其他形式的決斷，而每一個經過各種儀式中正確方式得出的結果都是上帝的決定，而位居第二位的則是關於神裁法的法律性觀念與某種神奇力量的證明間的關係。為了給這些聯繫一個更好的解釋，我們只能將介於法律、政治和宗教間的習慣分歧暫時拋

開。在古人看來，如果站在「明顯優越性」或「上帝的意志」這兩個角度上說，被我們看做「正確」的事物，其實就是所謂的「強權」（might）。所以，就像神的預言和固定的法律程式一樣，武裝衝突就代表著正義。最後，既然我們將神聖的意義賦予每一種結論上，那麼我們就可以堅定的將戰爭看作是一種神的預言。

這些複雜的觀念，隱含在各種各樣的偶然性遊戲和訴訟案件之中，這一點，我們可以透過古代文化中描述「單打獨鬥」（single combat）的著作中進行瞭解。這些一般都帶有不同的目標，或許是一些矛盾衝突的前奏，或許是對於個人高貴氣派（aristeia）的有效證明，也可能僅僅是衝突過程中的一個細小環節。我們可以看到很多史學家或詩人都在其著作中對此表示大力的讚揚，促使他們傳播到其他地域。有一個很好的例子可以證明以上的論斷，瓦凱迪（Wakidi）所描繪的穆罕默德（Mohammed）擊敗柯萊西特斯（Koraishites）的巴德爾（Badr）的戰役。穆罕默德手下的三個人同時向其他三個同伴發出挑釁。他們用同樣的模式向對方介紹自己，並向對方表示友好和親近，他們對對手都是十分尊敬的。可見，從第一次世界大戰流傳下來的具有標誌性意義的「高貴氣派」顯得異常活躍。單獨的戰爭可能是戰爭前的熱身，這樣的實例在中國古代社會及日爾曼的文學作品中是非常常見的。最英勇的戰士總是在戰爭伊始向對方相同數量的武士宣戰。戰爭可以作為檢驗命運的標準，而向對方進行宣戰的武士則是一種重要的標誌。有時，單獨的戰爭可能成為矛盾的全部形式。例如，當汪達爾人（Vandals）與阿勒曼人（Alemans）在西班牙半島上發生戰爭時，雙方就選擇用單獨鬥爭的形式來解決雙方的矛盾。如果我們將其看作是戰

爭的導火線或是為了避免戰爭而採取的折中性活動，那就錯了。其實，這只是戰爭的一種有效形式罷了，這體現了交戰一方的優越性：取得勝利則說明是神靈在幫助獲勝的一方，所以這才是正義的事業。毋庸置疑，最初的戰爭會在這樣的形式中漸漸失去了作用。就算在最開始，如在昆茲（Quierzy）的墨洛溫國王西奧德里克（Hieoderich）的俄西（Oise）日上，武士們大多認為：「個人失敗總比整個軍隊都失敗要好的多。」

在中世紀晚期，國王或王子們早已習慣用鬥爭來解決他們之間的矛盾。他們所表達的意願是：「避免基督徒流血，使民眾免遭塗炭。」因此，他們都會很認真的去做準備活動。可是，不管誇張到怎樣的程度，這種鬥爭都並沒有顯示出成功的跡象。這被人看做是喜劇，漸漸演變成宮廷中的一種大規模的儀式活動。可是僧侶們在這些風俗上所表現出的偏執或是嚴肅性，已經於其本源背道而馳。以此為途徑來做出的神聖決斷依舊是合理的。國王查理五世前後兩次向法蘭西斯一世宣戰，這可能也不是最後一個例子。

嚴格意義上來說，比起決鬥裁判法，單打獨鬥確實有很大的不同。在中世紀，大家已經很清楚「司法決鬥」（judicial duel）所佔據的地位有多麼重要。有一種論點是將其看做是「神裁法」。布朗那（H. Brunner）和一些人對此深表贊同，而謝洛德爾（R. Schroder）卻認為這與司法判決的方式並沒有太大區別，相對來說比較簡單。我們在盎格魯-撒克遜的法律並沒有找到比武判決的影子。我們只是從諾曼第人口中得到了相關的訊息。因此，我們可以得出這樣的一些結論：比起神裁法，這樣的比武判決並不普遍。假如我們將司法決鬥當做是用本身的特性來對哪一方進行支援的比

賽，那麼整個問題的重要性就被淡化了。因此，向老天求助，並不是主要目的。

雖然拼搏非常激烈，可是司法決鬥依然表現出其遊戲特性，而那些特殊的禮節卻不那麼重要。雙方會雇用一些人來進行鬥爭，透過這個現象，我們可以看到決鬥是具有禮儀性特點的，因為每一種儀式都可以找到替代品，例如，古弗里西蘭人訴訟案件中的「肯姆帕」（Kempa）就有類似的以決鬥為職業的現象。並且那些在武器選擇方面的規定及為了和競爭對手公平競爭而提出的特別優惠條件——就好比一個男人在於女人決鬥之前會站在一個坑裡，坑是齊腰的，這樣的特點是這些遊戲所特有的。類似這樣的決鬥在中世紀晚期結束了，並且在結束前並沒有受到多大的打擊。至於其消亡的原因是否是因為遊戲的性質，或者說要歸罪於教條主義，那就不得而知了。

1571年，威斯特敏斯特的托西爾園地（Tothill Fields）曾經舉行了高等民事法庭（Court of Common Pleas）平民案件中的最後一場「司法決鬥」。大家為了決鬥，特意劃出一塊大概六十平方英尺的場地。決鬥的時間從早上一直持續到夜晚，或者說直到有一個決鬥者帶著圓盾和木棒喊出饒命（craven）這個「可怕的字眼」，就像加洛林王朝時期的牧師令法則中所描繪的那樣。整個過程中，就像布萊克斯通（Blackstone）所說的一樣，有點類似於鄉村運動會上的體育性的娛樂活動。

如果說，法庭決鬥和帶有虛幻色彩的宮廷決鬥都具有強烈的遊戲因素，那麼我們可以說，在如今的高加索民族中一直存在著的普遍性的決鬥也是帶有遊戲色彩的。個人決鬥促使被踐踏的榮譽得到重生，這些觀點：

榮譽會受到破壞或是榮譽是非常必要的，二者的源頭都是古代時期，我們不能否定其哲學和社會價值。只有在受到公眾認可的情況下個人的榮譽才是有意義的，而這樣的認可過程是艱難的，他需要透過各種比賽來進行維護。促使公眾認可個人榮譽的因素不在於這樣榮譽是否建立在真實、合理、正直的基礎之上，而是在於社會對其看法。同時，證明個人決鬥的起源是法庭決鬥的做法並沒有多少實際意義，這些本質都類似，都是為了得到更多的權力，贏得好的評價而做出的努力。榮譽的補償形式中有一種叫做復仇，不管是否是正常手段，是否卑劣，是否不健康，在榮譽方面都應該得到相應補償。在希臘圖像學中，「狄刻」（正義）是與「堤刻」（命運）和「涅墨西斯」（復仇）逐漸融合的。並且決鬥與法庭鬥爭是極其相似的，這就如同法庭鬥爭不會在因此而失去親人的心中留下憤恨一樣，當然這也有前提，那就是其方式必須正當。

在軍事風氣盛行的時期，個人決鬥經常以血腥的形式來表現。首領和成員們騎馬持槍，打的不可開交，這就是最常見的騎兵戰。在19世紀，法蘭西的決鬥就漸漸變成這樣的形式。大家的意見比較一致，一般來說，一場決鬥中大約有六到八個人。榮譽感是最關鍵的。蒙田（Montaigne）曾有一場戰爭是發生在亨利的，交戰方是三個寵臣（mignons）同來自吉斯（Duc de Guise）宮廷的三個貴族。黎塞留（Richelieu）也曾試著破除這樣的風俗，然而這卻被它的受害者沿襲下去，一直到路易十四時期。

此外，我們不能將殺死對方作為決鬥的目的，而應該是點到為止，透過這個方式得到榮譽的補償。這與禮儀性特質也是相吻合的。所以在此之後出現的並不置人於死地的規則不能被誤認為可笑的怯懦。因此作為以遊

戲為本質的形式，決鬥只是表面現象。這不預示死亡，而僅僅是流血的象徵。我們可以將這樣的形式看作是流血遊戲的發展晚期，是一種在被激怒後想要以死相搏的守則。這種決鬥在地點和武器上都具有相似性；對於遊戲的開始和結束，我們可以找到明顯的標誌，就連攻擊的次數都是提前訂好的。一旦有人流血，榮譽就可以馬上得到維護和恢復。

如果想要確定戰爭中是否有嚴格性的競賽因素，並沒有那麼容易。在早期文明中，遊戲中缺乏遊戲因素，換句話說，其中並不含有競爭成分。因為恐怖、宗教、飢餓、甚至是殘暴等原因，野蠻的民族會採取暗殺、砍頭等行為。我們不願意將這樣行為稱之為戰爭。戰爭的概念是由特定的、經過鄭重聲明的從個體衝突和家庭矛盾發展而來的。如果這樣，戰爭與禮儀領域同樣存在競爭的因素，並被提升到神聖的高度，被看做一種激烈的對比和命運的博弈。其實，這也是命運、榮譽、正義等詞語的內涵之一；後來各部族將這一神聖慣例渲染上了物質、理想化的氣氛。不過，這不代表戰爭只是和儀式或行為標準相互融合，因為依然存在殘酷的暴力，是戰爭賦予它使命感，在榮譽光環的籠罩下，並與理想產生交集。我們很難弄清是什麼因素影響了戰爭的內涵。我們所熟知的用優美文筆敘述的戰爭一般並不是以編年史作者們科學描述為基礎的，它們都帶有文學的色彩，這樣的情況很普遍，無論對於作者還是沿襲者，無論是站在史詩或頌歌的角度上，都一樣。與此類似的案例非常多，可是如果就此判斷說，這些都是在美化戰爭或為野蠻行為做掩飾，那也有失偏頗。雖然這是傳說，但這些論調已經為人類文明做出了巨大貢獻，因為這樣的論點與騎士制度有關，也就與國際法相關聯，甚至以此做基礎。其中，前者對於中世紀的文明是

有巨大促進作用的，然而這樣的觀念慢慢被國際法建築基礎的事實做掩飾。如今，國際法成為人類社會生活中關鍵性的保障。

我們可以透過幾個案例來理解比賽或遊戲因素。首先，在西元前7世紀的古希臘，卡爾基斯（Chalcis）和埃雷特里亞（Eretria）這兩個歐亞恩城之間進行過一場比賽形式的戰爭。在最初的時候，就已經在阿提米絲（Artemis）的神廟中簽訂了一份嚴格的合同，並提前預定好時間和地點。在整個過程中只能使用刀和劍，而禁止使用石彈、矛、箭等投擲性武器。再舉幾個大家比較熟悉的例子。希臘人在獲得薩拉米（Salamis）戰役勝利之後，渡海到伊斯特摩斯（Isthmus）去給予戰爭中表現良好的士兵們獎勵，例如，誇讚他具有「貴族氣息」，將領們會把勝利者的名字刻在波塞冬聖壇上。將領們首先想到的是自己，其次是地米斯托克利（Themistocles）。因此，後者佔據了數量上的優勢。可是，有些人因為嫉妒而感到氣憤，阻止了整個進程。

在談論發生在波斯人和希臘人之間的密爾卡爾（Mycale）戰役時，極樂島（Islands）和達達尼爾海峽（Hellespont）被希羅多德看作是獎品。然而這不僅僅是個前衛的比喻，他本人對其內在價值也存在很大的疑惑。透過參加過薛西斯（Xerxes）宮廷中的戰爭構想委員會的蒙爾多尼烏斯（Monrdonius），我們瞭解到，他很不贊同希臘人的做法，覺得那並不明智。希臘人在面對戰爭時總是抱有莊重的態度，因此會選擇較高的地方，稍加修整用以作為戰爭的場地。他說，他們可以用互派使節的做法來停止矛盾，假如這並不奏效的話，或者說戰爭始終會爆發的話，那就讓他們在最短時期內爆發吧。可是，任何人都會選擇一個易守難攻的地勢。

似乎批評總是存在於文學中或對戰爭發起讚揚的情況中，一般會在列舉榮譽的優點之後再提出幾條關鍵性的建議。可是站在榮譽角度上，證明中國軍事風俗是與西方風俗相通的做法卻讓人無法接受。透過葛蘭言對所謂戰國時代的中國戰爭的論述可以看出，只有當榮譽和戰爭光輝一起存在時才涉及到勝利。不過，這並不是透過取得利益並加以發揮得來的，而是經由謙虛獲得英雄的稱號。有兩個分別來自秦和晉的封建主形成對峙的局面。一切就緒，戰爭卻沒拉開序幕。夜晚，一名秦軍信使威脅晉軍：「我們都準備好了，明天開戰吧。」但晉軍察覺到信使的目光並不堅定，話語也不堅決，因此搶佔先機包圍秦軍。「秦軍因為害怕我們而逃跑，我們要把他們困起來然後擊潰他們。」可是晉軍沒有行動，敵軍安全撤走。就像有些人說的：「用殘忍的手段對待傷殘軍人是不道德的，趁人之危是懦夫的表現。」

　　有一位將軍獲得了勝利，卻因為謙虛而不願讓人在戰場上樹立紀念碑。「只有在古代當那些過往與上帝的對手發生衝突懲罰罪犯的時候才會做。而我們並沒有犯罪，只是衷心與死亡，這難道可以作為建造紀念碑的理由嗎？」

　　在紮營的時候，需要注意其佈局要朝向四個黃道區。在文明時期，比如說在中國，人們習慣於將軍營裡的一切都渲染上神聖的色彩。因為這樣的場所需要建造在大城市裡。毋庸置疑，在羅馬，我們一定能夠從建築中揣測到原始禮儀中的內核。福勒（F. Muller）及其他人似乎對此堅信不疑。雖然這些痕跡已經消失在基督教的生活中，而在1475年諾伊斯（Neuss）之圍中查理背離了戰爭、比賽的原則，建造了奢侈豪華的陣營，

所以這也是與遊戲間的親密關係。

　　有一種風氣是從一種戰爭觀念中發源而來的，即戰爭是高貴的遊戲。而對手互相敬禮也是沿襲至今的一種非人道戰爭。這讓其中的遊戲特性呼之欲出，並含有某種諷刺的味道。在古代，戰爭中的人們喜歡互換酒品，然後一起沉醉其中，並以此作為尊重對手或緬懷過去的表現。他們送給對方一些禮貌性的敬辭，就像格勞科斯（Glaucos）和狄俄墨德斯（Diomedes）會互換兵器一樣。就算在布雷達（Breda）之圍中，1625年戰役並不是因為因維拉斯奎茲（Velasquez）的〈追擊〉（Lances）一畫而出名。而是在1637年，奧倫治的弗里德里希·亨利（Frederick Henry of Orange）率荷蘭軍隊將該城攻克，當地被圍攻的居民用一輛馬車將西班牙首領安全送到主人納索（Nassan）伯爵眼前。並為軍隊中的九百名旗手送去禮物。有時，對手會為對方提一些建議，而這些建議非常可笑。下面我們來看一個中國戰國時代的例子：在晉楚間所發生的戰爭中，有一名武士詳細的展示被泥沼困住的戰車是怎樣脫離險境的。然而他所獲得的卻是這樣的話：「我們可不像你們的國民，習慣逃跑。」

　　一位維爾納伯吉（Virneburg）伯爵在1400年的某一時間向阿歇恩（Aachen）鎮的居民宣戰，並希望對方能夠把災難的引起者，執行官朱利克（Julich）帶到現場。這種戰爭似乎是一場比賽，會提前約定好時間和地點，與此同時，這也是一場法律裁決佔據重要地位的比賽。與法庭上的「隔離」（hedging in）（德語hegen）相類似的是，他們會使用「立樁」的做法來確定戰爭場地，整個過程正如古代挪威人資料中的一樣栩栩如生。而這樣的做法被英國人沿襲，用來描述「會戰」（pitched battle），也

就是說，這是符合軍事法則的。對於這樣的做法會對戰爭起到何種影響，我們是無法確定的。而作為一種禮儀性的行為，其實是有條件的，那就是以代表真正冊欄的標誌為基礎。而這樣提前預定時間和地點的做法也反映在中世紀。不必懷疑，這些規則一定會受到漠視，並顯示出純粹的習俗特質。安茹的查理（Charles of Anjou）捎信給荷蘭的威廉伯爵，內容是這樣的：「他會和隊友們在阿什克（Assche）荒地等他三天。」他和同伴也會在1332年的拉邦特公園的約翰公爵（Duke John of Brabunt）透過一個軍人，將一把出鞘的劍帶給波希米亞的約翰王（King Jonh of Bohemia），隨後星期三在特定地點開戰，並聲稱如果有意見，必須另外提出。然而，雖然國王有騎士風範，卻還是讓公爵冒著雨等了他三天。克勒西（Crecy）之戰是透過交換信件來進行的。法蘭西國王提出四個不同時間和兩個地點，讓愛德華國王做出選擇，並提出，會根據對方的實際需求來擴展選擇範圍，英國國王說他已經等了他三天，不會再過塞納河了，西班牙的納捷拉（Najera），特拉斯塔馬拉的亨利（Henry of Trastamara）在1367年放棄了有利的地勢，就是為了與對方在空曠的場地上開展，可他沒有如願以償。根據同盟（Domei）社報導，廣東在1938年12月淪陷後，日軍司令提議蔣介石選擇在中國南部平原為場地打一場會戰，用來為日軍爭奪榮譽，然而不久之後他們就取消了約定。

在中世紀，還有一些類似於約定時間地點的軍事習俗，比如說在戰爭中獲勝方需要在戰場上停留三天，再比如整個過程中的榮譽所在。後者需要依靠激烈的戰鬥來獲取。有時，某些國家或部族擁有世襲式前衛戰的權力，在這點上的矛盾總會引發一連串衝突。1396年，一支武裝完備，步調

一致的騎士軍隊進入土耳其討伐。而他們的致命弱點卻已經在法蘭西戰爭中顯示出來。因為他們在進軍尼科波利斯（Nicopolis）這個問題上不能達成一致，因此遭遇了毀滅。而在戰場上停留三天的風俗，可能是想從中追尋法定的「三日連坐」（sessio triduana）中的一些東西。不管怎麼說，在這些被風俗記錄下來的各種禮儀中，一定會發現戰爭是從摻雜著正義、命運、機遇、遊戲等領域中發源的。

榮譽和高貴最本源的觀念，是融合在優越感（Superbia）當中的，而這也是諸罪之首。當然，在文明高度發達的時期這些也被正義的觀念所代替，精準來說這是附在後者之中的，但不管怎麼樣，它已經變成現實；因此也就成為一個部落發展為國家的人們所能夠認同的準則。法律是以比賽中的自覺作為起源的，或者是遵從於良心，就像「這是有悖於榮譽的，是違反規則的」一樣。一個以道德為基礎，並開始強制性運行的系統漸漸發展的時候，國家中的比賽因素就無法存活，所以在此弘揚的系統是以提升政治衝突的本能在正義和公平中的作用。如果一個國家受到某一條法律的制約，按常理來說，其成員就不會排斥比賽的存在。然而，雖是這樣，此類團體也會保留遊戲的大部分特徵，特別是人類需要秩序的心理被承認，其互利性和外在形態、義務及在戰爭中和平的缺乏，所有的因素都是它具有遊戲性質的證據。所以如果我們將遊戲看做所有文明時代必須遵守的原則的話，整個社會就是一場遊戲。

如今事情已經發展為：國際法律系統不再像文化生活一樣被觀察或肯定。如果有某個國家或團體背離了此要求，並標榜自身的利益，不論它們是政黨、階級、教會還是民族，都要面對這樣的局面：文明逐漸消失，遊

戲精神也不復存在。社會變得墮落，原始的暴力也回重新返回社會。

因此，我們可以得出這樣的結論：假如遊戲精神不存在了，也就不會有文明。可是就算是在因法律缺失而土崩瓦解的社會中，也會存在競爭。因為那是天生的。可是這樣的天性會導致衝突的產生，並進入喪失理智的情境中。教條主義橫行霸道，會將歷史扭曲成一種經久不變的，必然發生的經濟力量的產物。抑或是換個新名稱「世界觀」（Weltanschauungen），無非是與獲勝和成功有關的偽科學，二者沒有本質區別。最終的落腳點在獲勝上，而我們也知道，這樣的勝利是沒有意義的。

在文明發展初期，人們奪取第一等級的行為必然是崇高的。隨著與生俱來的不成熟想法及對榮譽的理解，將漸漸形成了一種讓人自豪而又非常重要的因素：個人勇氣。文化形式和社會結構都會在這些神聖的週期性比賽中漸漸發展，高尚的生活形式給予他人的印象是充滿榮譽、勇氣，讓人振奮的。然而，就算是在最古老的環境中，戰爭也會因為其殘酷的性質難以為此類活動提供時機，讓它轉變為現實。暴力行為不會轉化為高尚的形式，所以說這樣的活動只能存在於虛幻的美學領域。這就是社會精神總和美麗幻想相違背，榮譽、美德等讓它感到力不從心的原因。

這種虛幻神話中的高尚競爭可以有效的促進文明發展，並促進軍事競技和禮儀性社會活動系統的形成，比如說，日本「武士道」精神和中世紀的騎士團。在此，想像力成為貴族的個人品性，增加了他們的勇氣和責任感。這些貴族階層都擁有中等資產，他們眼中的君主就是神靈，必須服務，並且將向主人盡忠盡責作為個人生活的重心。這些思想陷入理想主義的範疇，只有在像封建社會一樣，閒人都不需要工作的背景下，騎士

制度或比賽才會快速發展。只有當貴族作為統治者的情況下，個人才會癡迷於創造功績。只有在這種情況下，頭盔、盾牌、旗幟等才會被重視。生活的重點是官階、騎士勳章、升遷等，因為這些都是以封建貴族統治為契機的。這些集風俗、理想、規則為一體的混合物有一個顯著特點，比起伊斯蘭教國家或中世紀基督世界，太陽升起的國家的土地上更容易看到。在日本武士階級中流傳著這樣的觀念：對一個正常人來講，用遊戲的形式來證明勇氣是件嚴肅的事，在面對危險或死亡時極強的自制力是個人必須具備的品性。所以，我們可以猜測前文中的侮辱比賽就是在測試人們的自制力。在這樣的行為中，節制型的騎士行為被當做一種英雄的生活方式。這樣的做法在高尚的人看來，就是一種對物質的鄙視。一個日本貴族用宣稱自己不瞭解錢幣價值的方式來表示自己具有何種文化涵養。根據記載，一位名叫賢治（Kenshin）的日本親王在同另一位居住在高山中名叫真貝（Shingen）的親王發生戰爭的時候，收到一封來自其他人的通知，信上說他雖然與真貝並無世仇，但已經把其食鹽供應切斷了。因此賢治親王下令給真貝親王送去食鹽，並且表現出對此行為的輕視：「我是在和劍決鬥，又不是在和食鹽決鬥。」

　　毋庸置疑，騎士身上的這種精神、勇氣、忠心、自制力對文明產生了極大的促進作用。就算其中大部分都是虛幻的，這在生活和教育中逐漸形成一種氛圍。然而在這些虛幻的想像中，堅持此類觀點的民族歷史形象已經開始變形，他們會用最高尚的精神來對戰爭表示讚揚，這樣的現象在騎士風俗的幻想中體現的最為明顯。羅斯金（Ruskin）在給沃爾威治（Wollowich）軍校學員講演時竭力論述的主題是：戰爭作為人類美德和

成功的源頭。他們認為戰爭是一切純潔和高尚藝術的必備條件。「不管是多麼偉大的藝術，如果想要有所發展，就只能發源於一個擁有士兵的民族中。假如沒有戰爭這個必備的基礎，一個民族就無法產生偉大的藝術。」等等，他繼續說「我發現，總之。」然而他在舉例的時候思想比較純真和膚淺，「任何偉大的民族都是經過戰爭來認識到語言和思想的力量。戰爭能夠給予他們充分的營養、教育、鍛鍊，而和平給予他們的卻是欺騙和背叛。總之，他們誕生於戰爭，終止於和平。」

在這當中，有很多事情被尖銳的提出；然而羅斯金卻馬上用修辭的方式表明這並不是戰爭的實質。他說，自己所認為的戰爭「是基礎性或創造性的。在這裡，由於人們熱愛戰爭，因此將戰爭幻化為各種美麗的事務，雖然是危險的遊戲模式。他看到，人們最初就站在兩種角度上，一種是遊戲者，一種是勞動者；前者懶惰，需要用娛樂來填充生活，一方面將勞動者看做奴隸，另一方面將其作為俘虜或死亡遊戲中的犧牲品」。後者辛勤勞動、生產、創造。在羅斯金的闡述中，彌漫著「超人」的意味及或多或少的幻想主義，但是從我們的目的出發，這些之所以重要，是因為他認識到古代戰爭中存在遊戲的成分。在這類觀點中，騎士團已經認識到「基礎性或創新性」戰爭的狀態是一種理想。此外，在前文中，他的高貴、誠摯、嚴肅都非常明顯，隨著思想的跳躍，他對1865年的近代戰爭進行有力抨擊。顯然，引發這一切的是席捲大西洋地區的性質殘酷的內戰。

有一種人類慣有的美好品德，即來源於古代貴族性比賽的武士生活：忠誠。忠誠就是服從於個人、道義、理想，而對其成因或持久性並不持懷疑態度，這與遊戲是相類似的。如果想透過遊戲來獲取忠誠，那麼，一旦

方式正確，便會非常有益；一旦受到曲解，則會產生動盪，而且這很容易辦到。不管怎麼樣，騎士制度在當時的環境中確實得到了不小的發展，促使人類文明產生美好的成果。這些高貴的遊戲所描述的戰爭，催生了很多高貴的人物、史詩、抒情詩、輝煌的藝術等。就彷彿用線將17世紀的騎士及現代的紳士聯繫在一起。西歐的拉丁語國家，還在這種崇拜的基礎上加上了勇敢摯愛的理想，導致騎士制度混雜在這樣的殷勤中，讓我們難以區分。

有件事必須說明：當提到這些「最初的文明成果」時，我們卻容易忽略它們的神聖起源。比如說，我們眼中美麗高尚的遊戲歷史上的所有文學或藝術都是神聖的遊戲。早期典禮留給我們很多東西：等級、授爵、比武、誓言。正如我們所知，中世紀基督王國的騎士制度在沿襲舊有的文化傳統的時候，本身也在走向消亡。然而它會對高尚行為、勛章、騎士等級、榮譽等規範進行渲染，其影響一直持續到中世紀結束。而我們在一本試圖從各個角度闡述這個觀點的作品中，第一次認識到在遊戲與文化間存在著緊密的聯繫。

第6章

遊戲與學識

天高任鳥飛，海闊任魚躍。人們為了尋求機會而努力奮鬥，為了獎品而去競爭。影響勝負的因素有很多，例如，體力、熟練程度、機會等。競爭無所不在，甚至涉及到知識和技巧、勇氣和耐力、自我吹噓和勾心鬥角。競爭可能以藝術創造的形式來展現，也可能是武力的比較，有時候還可能是舞刀弄棒或創造美好的旋律。在各種難題中也存在競爭，無論是訴訟、神諭、打賭或發誓。競爭有形形色色的表現形式，但再怎麼變也改變不了其遊戲本質。本章的目的就在於從這個角度來解析文化功能。

　　無論什麼樣的文化傳說中都存在競賽，不過人類思維領域的競賽方式是最相似的，即在智慧或知識方面的競爭。遠古時代人的行動與勇猛是決定於武力的，他們眼中的知識是一種魔力。他們覺得一切知識都是神聖的智慧，是非常深奧的，有無窮的魔力，因為這關係到整個宇宙的秩序。正因為要舉行各種各樣的儀式，世界萬物才有正常的秩序，生物才可以繁衍生息，人類也就可以獲得救贖，而這一宇宙秩序，或rtam（梵語中的名稱）只有在掌握了神秘之事的各種知識時才可以深入瞭解。

　　正因為如此，在宗教儀式進行的同時一定還有知識的比拼，因為人類的隻言片語都會作用於宇宙秩序。而對世界神秘之事的探索是以儀式為基礎的，並成為其中重要的組成因素。聖壇祭司們互相提問或挑戰，他們互相提問的是實實在在的謎語，除了比較神秘深奧外，和普通的謎語是一樣的。在印度吠陀故事中我們可以找到這樣的猜謎競爭。在祭奠獻活動力，它們也是非常重要的。婆羅門信徒們爭相表達自己對事物本源的看法（即梵語jatavidya）或對brahmodya的理解，brahmodya的最準確意思是「神聖

萬物的話語」。從名稱看，可以發現他們的本質是與宇宙有關的。雖然
《梨俱吠陀》中有很多贊詩都是具有競賽性，但也含有詩意。例如，起首
聖詩與宇宙相聯繫，也與祭獻儀式的細節相關。「我問你世界之終極；
我問你，世界之臍在何方？我問你雄馬之種系；我問你，言語之巔在何
處？」

透過十則代表性的謎語，頌詩之八將各種主神的特徵表現的非常完
整，謎底是主神的姓名：

「眾神之一面色棕紅，形體不變、慷慨大方、年紀尚輕，身飾黃金即
蘇曼（soma）。另一主神光輝燦爛，潛入母腹，眾神中之睿智者（即火神
Agni）等等。」

這些頌詩多數是用謎語的形式來體現的，如果想知道謎底，就要具
備與禮儀或象徵物相關的知識。其中蘊藏了很多存在本源的難以理解的奧
秘。保羅・多森（Paul Deussen）認為，頌詩之十有可能是流傳至今的哲學
詩篇界的奇葩，這確實不無道理。

「是不曾是，不是亦不曾是。空氣不曾有，天空亦不在其上。何物曾
步步逼近？在何處？何人掌管這圜圍？懸崖下可曾洪水滔天？」

「死不曾有，不死亦不曾有；晝與夜亦混沌未分。除『彼』以外未曾
有物，四處悄無聲息；除『彼』以外四處皆空。」

在這首詩中，謎語的疑問語氣被中肯語氣所代替，其結構依舊展現了
謎語的內核。而詰問形式是在詩篇第五節後出現的：

「誰能得知，誰能指出造化始於何處，來於何方？」

假如我們不否認這一點，即宗教儀式中的吟誦謎語是頌詩的起源，而他們也是由實際競賽中的謎語整理而來，那麼猜謎活動確實是和哲學因果關係向相關聯的。

《阿闥婆吠陀》（*Atharvaveda*）詩集中的某些聖詩，如第7篇和第8篇，似乎是一些謎題的集合體，它們共用一個主題，有些已經被解決，有些卻沒有答案：

「滿月半月何處尋，何年與之連？四季何處覓——告訴我根源！學生處子畫與夜，意欲向何方？滔滔洪水何處流？告訴我根源（skambha）！」

「風為何不止，魂為何不息？洪水奔騰向真理，為何永不停？」

在這些詩句中，對萬物之謎的無限遐想讓原始的思維感到沉醉，其中含有詩性、神秘感、神性、奧義及詞語遊戲等元素。我們無法全面解釋其中的每個環節。古代祭司就像詩人一樣堅持不懈的探索著未知的奧秘，而這些未知領域對他們或對我們來說都是不可知的。我們所能確定的僅僅是哲學來源於這些神聖的篇章，這不是無聊時消磨時光的做法，而是一種神聖的遊戲。深奧的角逐（tour de force）蘊含著最高的智慧。需要說明的是，通常人們所關注的最重要問題，就是宇宙是如何產生的這些本源問題。實驗兒童心理學表明，6歲左右的孩子經常會問到這類問題，比如風來自哪裡？為什麼水會流動？死是什麼？

《奧義書》（*Upanishads*）中深奧的預言就是由吠陀頌詩中的謎語發展而來的。但我們所關注的是其遊戲性質對文明的促進作用，而不是其中所蘊含的哲學韻味。

猜謎活動除了帶有娛樂性質之外，還是祭祀中的關鍵環節。猜謎和祭祀都是同等重要的，這也是人們向上帝祈禱的方式。希里伯島中部的「托納得結」（*Toradja of Central Celebes*）同樣反應了古吠陀經典類似的習俗。在宗教儀式上猜謎的時間是有具體限制的，也就是在稻穀「受孕」時開始，在收割時結束。謎底的揭曉自然對稻穗的生長是有促進作用的。當謎底揭開的時候，歌隊會唱：「出來吧，出來吧，沉甸甸的稻穗，不論在高山還是在深谷！」而在這之前，是禁止一切文學活動的。Wailo有「小米」（泛指土地中的一切出產）或「謎語」的意思。後來這些主食被稻穀代替。這種情況體現了農業與猜謎活動的聯繫。此類現象還出現在瑞士的格里森人（Grison）那裡。據說，那裡的人要舉行一些看似愚蠢的儀式來祈求稻穀能豐收。

每一部吠陀的經典著作，尤其是研究過婆羅門（Brahmanas）教義的人，都知道經典中所隱含對事物的解析是形形色色的，甚至前後腳相悖，有時候接受起來讓人感覺勉強，既無法成為系統，也沒有明確的章法。

然而，只要理解遊戲是這些思想的本質，並且其來源是宗教謎語，那麼我們就能判斷出這樣的情況不一定是由祭司們挑剔的辯論習慣所導致的，雖然希望透過自己的努力讓別人服從自己，但這也不一定是他們短時間內的一種幻想。這些大量的，前後相悖的說法是儀式性謎語的各種答案，想必這樣的解釋容易讓人接受。

因為謎語非常神秘，是具有魔力的，所以非常危險。將其放在神話學的宗教儀式的大環境中，他就像德國語音學家所說的Halsratsel，也就

是「首級之謎」（capital riddle），假如無法給出合理解釋，就要被殺掉。遊戲者是將生命作為籌碼的。這必然導致一個結果：如果誰能提出一個沒有人解得開的謎語，那麼他就是最聰慧的。這兩個命題在印度關於雅納卡（Yanaka）王的故事中體現的淋漓盡致。他用一千頭牛作為禮品，在祭獻聖節上引發婆羅門信徒們在猜謎上進行較量。智者亞那瓦爾克亞（Yajnavalkya）預感到他會成功，於是派人趕走了牛，並且不費吹灰之力將對手都擊潰。另一個婆羅門信徒維達荷達・薩卡亞（Vidaghdha Sakalya）未能猜中謎底，就真的付出了生命的代價。他的頭自動從身上掉在他的懷裡。這樣的案例無非是在闡述猜不中謎語就要失去生命這種後果。最後，所有人都不敢再提問。因此，亞那瓦爾克亞興奮的喊道：「各位婆羅門信徒們，大家誰有問題儘管提問，如果沒有人提，那麼我要請教大家一個問題。可見，其中的遊戲性質非常明顯。是神聖之學與自己做了一個遊戲。雖然這個故事被納入宗教聖典中，但我們不確定是否有人真的信。因為比起猜不出問題就失去生命這件事來說，他並不顯得多麼實在。關鍵性問題還是遊戲這個命題而不是掉腦袋這件事。

在古希臘傳統中，預言家卡爾卡斯（Chalcas）和摩普索斯（Mopsos）的故事也是有關於解密和死亡的案例。神諭示卡爾卡斯如果遇到一個比他優秀的預言家，他就得失去生命；然後他果然與摩普索斯相遇，並且輸了比賽。卡爾卡斯最終因抑鬱而死去，也有人說他的死因是悲憤過度，而支援他的人都投向了摩普索斯麾下。筆者認為，這則故事揭示的主題是致命之謎，雖然也含有虛幻的成分。

北歐神話中的重要主題之一是以生命做籌碼的猜謎比賽。根據《瓦弗塞魯德尼的故事》中所記載的，奧丁大神與智慧巨人瓦弗塞魯德尼比賽看誰更加聰明。他們輪流向對方提問，所有的問題都是與吠陀經典中的詩謎相類似的，並且與宇宙的發源及神話故事相聯繫，例如：春夏秋冬是怎樣產生的，晝夜的起源是哪裡？《艾爾維斯的故事》（*Alvisslmal*）中有一則講到雷神托爾依次問矮人艾爾維斯：阿薩、汪那斯（Vanes）（即埃達神話中的次一級眾神）、人類、巨人、侏儒及地獄女神黑爾（Hel）各自如何稱呼宇宙萬物。但是，就在他還沒有問完的時候，天已經亮了。因此，矮人陷入了窘境。在《弗爾斯溫之歌》（*Song of Fjolsvinn*）中也有一個類似的故事，而《亨德里克王的謎語》（*Riddles of King Heidrek*）中也提到，死刑犯可以透過提出問題並難倒他來獲得緩刑。我們可以確定的是，這些詩歌大多數產生於較晚年代的散文埃達，這不過是刻意寫成的詩篇，這樣的推斷與現實生活是相吻合的。顯然，它與遠古猜謎競賽具有某些聯繫，這才是事情的關鍵。

　　對於破解謎語來說，思索和推理是毫無用處的。破解謎題通常是真正的「解決」問題，也就是將約束猜謎者的繩索解開。這樣必然導致猜謎者會耗盡全部的力量去破解謎題。按理說，在問答過程中，只要瞭解規則就可以取勝。其實，這樣的規則往往含有詩歌性、儀式性、語法性特點。如果想要自如的應付這類問題，就必然要對行家們的暗語瞭若指掌，並且可以做到經由觀察飛鳥、母牛、車輪等表象，看到他的內涵。假如這些能夠引導一個製謎者未知的答案，那麼製迷者就是搬起石頭砸自己的腳了。另

外一方面，每件事物的表現形式是多種多樣的，謎面也必然不一樣。這個時候的謎底就取決於猜謎者對暗語和神聖名稱的熟悉程度了，比如艾爾維斯的故事所示。

如今我們所關注的重點是遊戲特性，及對人類文明的促進作用，而不是文學式的謎語。所以，我們不用過深追究「謎語」（德文作Ratsel）一詞與「建議」（德文作Rat）、「猜」（德文作erraten）這些詞語的詞源或語義之間究竟有什麼樣的聯繫。同理，希臘語（即一個句子或諺語）與（謎）密切相關。站在文化角度，傳說、謎語神話、建議、諺語等都是相互關聯的。因此我們在研究謎語的發展方向之前先回憶一下這些關聯就可以了。

經過以上分析，可以發現，最開始時謎語都是一種神聖的遊戲，所以它將嚴肅性和娛樂性這兩個對立的元素聯繫起來。它可以讓二者融合在一起，本質是遊戲，卻也不乏重要的禮儀性。在文明發展之後，謎語就開始向兩個方向發展：神秘的哲學和純粹的娛樂。可是，這些變化不代表將嚴肅性轉化為遊戲，或者遊戲轉化為嚴肅性。其實，人類的思維會因為文化的發展而不斷分化，最終我們會將「嚴肅」和「遊戲」分開來看，但這二者在最開始是結合在一起的，並經過不斷的運動引發人類文明。

謎語，或者說更廣泛的定義，將格式確定下來，並且與其魔術般的效果隔離開，在各種社會交流中，它是重要的一環。謎語作為一種社會娛樂形式，融合了各種文字風格和韻律風格，比如前後相連的問題，造成連鎖反應。或者說類似於「什麼東西會比蜜還甜」，這些一層高於一層的遊

戲。古希臘人對「模糊性遊戲」（aporia），即無法作答的室內遊戲非常熱衷，我們可以將其看做是被弱化了的致命之謎。在這些形式中，依舊充斥著「斯芬克斯之謎」，並一直留存在人類頭腦中。亞歷山大帝與宣導禁欲主義的印度隱逸哲學家的相遇恰巧說明各種文化傳統式怎樣改變這個母題的。這位征服者將一座想要和他抗衡的城市收服了，並逮捕了一位想要反抗的智者。他們要回答征服者的問題。如果答錯了，就會失去生命，誰回答的最差，就先被處死，而裁判則是十位聖人之一。如果他的判斷被認可，就可以獲得生命。亞歷山大的問題大多數都是由吠陀神聖謎語發展而來的，即與宇宙變化相關。比如：什麼樣的人更多：是生是死？什麼樣的地方更大？是海洋還是陸地？誰先來臨？是黑夜還是白天？這些問題的答案一般包含邏輯因素，並不是深奧的哲學。最後，亞歷山大問到：「哪一個的回答最差？」那一位智者回答道：「一個比一個更差。」如此一來，就沒有人會丟掉生命，亞歷山大的計畫也就無法實施了。

　　一般來說，我們會將那些「獵獲」對手的問題稱為「兩難之題」（dilemma），這確實非常貼切。如果說給出的答案已經超越了最開始所考慮到的範疇，而出題的人又無法找出辯駁的說辭，他的處境就非常不利。這樣的原理對於擁有兩個答案的謎語是同樣適用的，而答案中比較淺顯的部分一般都帶有色情因素。我們可以在《阿闥婆吠陀》中找到這樣的例子。

　　有一種衍生物是值得我們關注的，他們在揭示荒謬性和聖性之間關聯的時候採用的方式非常獨特，即在神學或哲學範圍之內的詰問式語

氣。在他們之間，有一個主題是公用的，即一位聖人面臨另一位聖人或幾個聖人的提問。例如，查拉圖斯特拉回答維塔斯帕王（King Vistaspa）的60位聖者的問題；而所羅門王也受到示巴女王（Queen of Sheba）的盤問。在婆羅門文學中有一個主題非常常見，那就是一個年輕信徒（梵語作brahmacharin）晉見國王並接受長者的詰問。最終，他以聰慧的頭腦使長者和他互換位置，他開始對長者反問，並將自己的角色由學生轉化為老師。顯然，這與古代宗教式謎語競賽是有關聯的。對此，我們可以列舉《摩訶婆羅多》中的一則故事作為證據。一群班度族（Pandavas）在美麗的池塘邊漫步。然而，水神卻說，除非他們能夠回答自己所提出的問題，否則不許他們飲用池塘中的水。如果有人違背這個規定，就會失去生命。因此，尤喜斯提那（Yudhisthira）挺身應戰，開始了一場帶有印度全套理論體系的回答競賽。這集中表現了謎語中宇宙開創的轉折。導致源於古老宗教儀式習俗，如宗教改革所引發的神學爭論的因素是多種多樣的，又比如說1529年馬爾堡（Marburg）的路德與慈運理（Zwingli）之爭，或1561年普瓦西（Poissy）的狄奧多·貝沙（Theodore Beza）及其喀爾文教同仁與一批天主教高級教士的辯論。

在印度峇里語論文中，這一類詰問性話語的文學產物就顯得很有趣了。這篇論文的題目是「米南德王的問題」。米南德王是西元前2世紀統治巴卡特亞（Bactria）的希臘—印度王子之一。文章中雖然沒有《三藏》（*Tṛpitaka*）的相關內容，但是它形成於西元初，是由印度南方的佛教徒所寫的，並且也獲得了北方佛教徒的一致好評。文章中，有的內容是為了介

紹米南德王與偉大的阿羅漢（Arhat）納加僧拉（Nagasena）的辯論。在內容上，這可以被劃分為神學或哲學領域，而其基調和形式卻是和猜謎競賽相類似的。這一文序非常有代表性，現摘錄如下：

國王發問：「尊敬的納加僧拉，讓我們來促膝長談怎麼樣？」

納加僧拉回答說：「假如您願意和我談一談，我非常願意，但如果要讓我像國王一樣談話的話，我就不能奉陪了。」

「智者通常是怎樣開展一次談話的？」

「面對失敗，國王會暴跳如雷，而智者則會坦然接受。」

最終，國王答應他可以以公平作為基礎來進行談話，就像gaber中的法國安茹公爵所作的那樣。而參與者也會包含廷臣中的聖者。此外，還有五百名甬納卡人（Yonaka）聽眾（即愛奧尼亞人和希臘人）和八千名和尚。納加僧拉向國王發起挑釁，他所問的問題是：高深莫測，緊於繩結，懸繫兩端，令人費解。智者們抱怨他的問題模糊不清，存在歧義，其實是想將他們引入歧途。確實，他的很多問題都是兩難的，並且他說話的語氣總是像在挑釁：「尊敬的國王陛下，請回答。」因此我們從這篇論文中發現它是以蘇格拉底式的簡明辯論形式進行，突出體現了佛教的根本問題。

《散文埃達》（*Snorra Edda*）的開篇論文〈吉爾伐吉寧〉（Gylfaginning）也是採用了神學詰問式話語的。剛勒里（Gangleri）首先以手舞七劍的絕技成功吸引了國王。之後和哈爾（Har）以打賭的形式開展了一場辯駁。謎語的發展過程是這樣的：首先，是關於萬物起源於何處的競賽猜謎，之後的競賽內容轉向獎品、性命和榮譽等模糊性問題。最後

以神學和哲學收尾。與此同時，還有其他的對話形式，比如，宗教條文中的教義問答何連禱文。波斯祆教經典大都是透過該教創始人查拉圖斯特拉和阿霍拉・馬茲達（Ahura Mazda）之間的問答對話來表現的。在此，各種對話形式被融合在一起。而我們從Yasnas一章中的祭獻儀式中吟唱的禮拜辭中還可以找到遊戲的影子。例如，Yasna44中，那些教義、倫理和儀式相關的典型神學問題與起源於印度-伊朗遠古時代的宇宙開創之謎是並駕齊驅的。每個謎語都是起源於查拉圖斯特拉的發話：「噢，阿霍拉，我以此問你，請給我解答。」而在問題開始的階段，我們總會發現這樣的環節：「這是什麼呢」？還有：「這個上撐天下頂地，永遠不會倒塌的東西是什麼呢」？「這些創造光明與黑暗的東西是什麼呢？」「這些能夠讓風和雲結合在一起的東西又是什麼呢？」從結尾處我們可以看出來，其實這些都是來源於古老的猜謎活動：「我來問，你來答，阿霍拉！諾言會不會變成真的？我是不是可以得到一匹雄馬，十匹雌馬及一匹駱駝？」這些問題中，除了關於宇宙起源，還有關於教義問答的，他們包括教義的起源、發展、含義，善和惡的區分，怎樣對付魔鬼等。

後世王子們與其廷臣及國外智者間的對話，一直受到這種米南德王式的哲學神學辯論的影響。而其中一半彌漫著科學和學究氣氛。對此，我們可以從西西里王腓特列大帝的兩套謎語中找到證據。其中一套給他的廷臣占星家麥克爾・司考圖斯（Michael Scotus），另一套給摩洛哥的伊斯蘭教學者伊本・沙賓（Ibn Sabin）。二者之間，對我們產生重要作用的是前者，因為它是一種混合體，其中的成分包括古老的宇宙起源之謎與神學和

腓特列大帝宣導的新科學精神。對此，我們可以從以下的謎語中看出來：蒼天有幾重？上帝為什麼享有權威？是什麼物品支撐著大地？墮落的天使和魔鬼之間到底存在什麼樣的區別？海水為什麼是鹹的？大地是空心的還是充實的？風的方向為什麼飄忽不定？死者的靈魂為什麼無法回到人間？火山爆沸騰和爆發是什麼原因引起的？而這些問題中一半都含有兩個聲音：一個新，一個舊。

第二套問題是送給伊本・沙賓的，是以亞里斯多德式的懷疑論為基調，其中的哲理性質更加濃厚，同樣也是具有古老精神的。年輕的伊斯蘭教徒對於皇帝的斥責是非常直接的：「你的問題簡直是前後矛盾，又笨又蠢！」皇帝對於這樣魯莽的行為卻非常寬容。對此，一位德國傳記家漢帕（Hampe）發表了看法，他對這樣的人道精神表示高度讚揚。可是腓特列之所以會這樣做，不是因為人道，而是因為他和米南德王一樣清楚地知道，這種問答遊戲必須以公平合理為前提。就像納加僧拉所說的，他是以智者的身份來進行問答，而不是國王。

希臘的後裔對於謎語解答和哲學起源間的因果是非常瞭解的。克利克斯是亞里斯多德的弟子之一，他樹立了一套謎語理論，並體現在一篇源於諺語的文章中。他試圖證明謎語曾經被看作是哲學的課題。他說道：「古人正是將這樣的東西作為受教育的證據。」這樣的說法對於我們前文中闡述的哲學性謎語，做了很好的解釋。如果將希臘早期的哲學思想看作是一種遠古時期的謎語，則應該是合情合理的。

問題（problem）本意是「放在你面前之物」。我們姑且不提這個詞和

作為哲學判斷起源的「挑戰」（challenge）到底有怎樣的關係。不過，我們能夠確定的是，在歷史上，所有的哲學家，從最原始的到之後的修辭家和智者，都是站在挑戰者角度上的。他們發起挑釁，猛烈的攻擊對手，一種孩童式的傲慢態度得到了充分的體現。他們認為自己的觀念可以超越所有人，並成為唯一的真理。最初的哲學家從形式到風格都是具有哲學性和鬥爭性的。他習慣於使用單數形式的第一人稱。

西元前5世紀希臘哲學家芝諾（Zeno）總是向所攻擊的對象提出一些「模糊性問題」（aporias）——表面上他接受對方的論述，之後卻推斷出兩個互相對立或矛盾的結論，這顯然是一種與謎語有直接關係的形式。芝諾問到：「如果空間是物，用什麼來盛呢？」赫拉克利特是一位「憂鬱哲學家」，他認為自然與生命是griphos，意為「難解之謎」，而他則能破解這個謎題。恩培多克勒是西元前5世紀希臘哲學家、政治家，他的話總是與清醒的哲學理論相背離，卻很接近隱秘的謎語，甚至以詩的形式來表現。他有一個古怪的想法，即關於動物生命起源的。而這類似於印度婆羅門篇章中狂人囈語一樣的論點。「從她（自然）中生出許多無頸之首，浮游半空的無臉之眼，四處遊蕩的無肩之臂。」

最初的哲學家們在發話的時候一般用迷狂式或預言式的口吻。他們與祭祀牧師或神話闡釋者具有一個相同點：極端的自我肯定。他們所談論的內容一般包含萬物起源、開端和自然的變換；他們並不通過沉思或辯駁來解決問題，而是來自瞬間的靈感。這些關於宇宙起源的問題從古至今總以謎語的形式來表吸納，並用神話的方式來作答。如果想要樹立科學和哲學

的獨立地位，我們就必須將對宇宙的想像從神秘的宇宙學中摘取出來，比如說畢達哥拉斯有一個構想，是關於宇宙是從183個世界依次排列成一個等邊三角形。

宇宙的對抗性會制約著所有早期哲學性思維。而生命或宇宙的所有都被看做是相反的兩級永恆對立的結果。就像中國陰陽兩極這對永遠相悖的元素。赫拉克利特覺得，對抗是萬物的根源。恩培多克勒則提出兩條統治宇宙萬物的原理：不和與吸引。因此古代哲學中的對立性觀念一直通過對抗的形式進行體現，這並不難理解。從古至今，人們總會用一分為二的看法來對待事物，因此會產生很多無法解決的矛盾。在赫西奧德眼中存在兩個不和女神（Eris）：一個是毀滅性的，一個是善良的；而後者代表有益的衝突。

與以上觀念相對應的，所有的矛盾都理應被看做是法律性的。因此古代文化的遊戲性質就非常明顯了。耶格認為，懲罰、秩序、正義（Tisis，Kosmos，Dike，）都屬於法律範疇，而他們由法律轉向宇宙的過程就是法律訴訟。他還認為，懲罰在最開始是以法律所規定的罪過為對象的，而後來卻轉變為因果律。可惜，希臘哲學家阿納克西曼德此類的觀點卻只能在斷章殘篇中浮現出來。

「萬物的生死都是自由的（即無窮盡）。因為受到時間法則的制約，萬物必須互相償還或補償原罪。雖然這樣的觀點有些模糊，但可以看出，在宇宙中，所有一切都必須為原罪付出代價。暫且不談本意，這層隱晦的意思不由的讓我們想起基督教義。我們需要明白的是，究竟這個論斷僅僅

體現了古代法律思維，還是反映了西元前5世紀已經在希臘發展成熟的城邦制度和法律系統。對此，上文已有相應表述。這樣看來，懲罰和正義這類詞語和武力或巫術依然是相聯繫的，也就是說法律程式依舊屬於神聖的遊戲。恩培多克勒在一篇論及四大基本元素對立對抗的論文殘篇中提到一個反應在「偉大誓言」中的，已經實現的時代。我們無法對這個神話——宗教性說法的隱含意思做出合理解釋。我們能確定的是這位哲學先知的思想依舊停留在宗教儀式性範疇內，並得到庇佑。而遠古時代法律與正義恰恰是以此為根基的。

第7章

遊戲與詩

當我們在討論希臘哲學起源問題及與智慧中的各種神聖競賽之間有何種聯繫的時候，我們一定會觸碰到哲學或宗教和詩歌之間並不清晰的界限。所以有必要探索一下詩性的創造性特點。在某種程度上來說。這是在討論遊戲與文化關係時的關鍵點，因為法律、科學、戰爭或政治在社會宗教日益告訴組織化的環境中，漸漸與遊戲脫節。而這些聯繫曾經非常明顯，詩人的功能在其相應的遊戲範疇內得到保留。詩（Poiesis），其實是遊戲功用，它在遊戲場或心智為其創造的環境中凸顯。在這個環境中，它們看似普通，並受到邏輯因果的控制。假如在清醒的狀態下所產生的陳訴都是嚴肅的話，那麼詩就永遠不可能嚴肅。它是存在於嚴肅性之上的原始狀態的，那裡是野蠻人、孩子、先知、狂喜陶醉的歡樂場。為了對詩有個更好的理解，我們要保留孩童的純真。200多年來，任何人都做不到像維科（Vico）那樣清楚地認識到詩的本質和純粹的戲劇關係。

　　法蘭西斯・培根的思想非常深邃，他說：「詩就像哲學之愛的夢。」

　　在野蠻人所關心的物質本源問題中，也經常閃現智慧的火花，它們一般體現在晚些時候的邏輯形式裡。信仰的神秘起源中，開始融入了比較宗教和語文學的元素。古代文明在奧義、禮儀、智慧和詩的統一中得到新的理解。

　　我們需要拋棄一些固有思想，才能達成上文中的理解：我們只能在美學方面或利用審美功能來理解詩。詩在一切繁榮的，有活力的文明中，首先體現的功能是社會和禮拜儀式的結合。任何詩都曾是享樂、戒律、藝術才能、禮儀、勸說、占卜、競爭的結合體。其實我們在芬蘭史詩《卡勒瓦

拉》（*Kalevala*）的第三詩章中可以找到古代的禮儀和詩歌獨特的母題。年老睿智的維那摩難（Vainamoinen）成功的讓那個在語言比賽中自高自大的年輕人變得迷惑不清。他們首先比試的是對自然之物的理解，然後才是神秘的起源問題。年輕的猶卡海難（Joukahainen）竟大言不慚地說自己對創造天地來說，功不可沒：因此，年老的預言家將他唱進河水、大地、沼澤，並且很快，河水就沒過他的腰間，甚至到他的嘴上，最終青年無奈許出自己的妹妹阿伊努（Aino）。最終，生在「歌石」之上的維那摩難又花了三個小時來解除魔咒，解救了自以為是的挑戰者。前文中，我們所說到的比賽形式都囊括以下形式中：自誇比賽、新娘比賽、苦難比賽、耐力較量，都是以一些幻想做基礎的。

在古代，詩人被稱作為囈語的人、神靈庇佑的人或著魔者。這些特點反映了他具有淵博的知識和涵養。在埃達（Eddic）神話裡，一個人在成為詩人之前，要把特定的蜂蜜酒一飲而盡，這種酒的原料是克瓦希爾（Kvasir），即大家所公認的，在生靈中最智慧的血為原料。詩人預言家這一身份漸漸形成各個分支：牧師、神秘主義者、先知、占卜師及其他的角色。甚至還有修辭家、立法者、雄辯家等。這些都是Vates一詞的派生物，因此希臘早期的詩人都帶有祖先的影子。他們具有明顯的社會屬性，從他們總給人一種監督人或教育者的感覺。他們是民族的領導人，後來智者代替了他們的位置。

在古斯堪的納維亞文學的thulr、盎格魯-撒克遜的thyle之中有很多地方都反映了古代Vates的形象，Thulr最典型的例子是Starkaotr，之後，撒克遜的格勒麥蒂克斯（Grammaticus）正確地將該詞譯為Vates。有時候，Thulr

可作為神聖戲劇的表演者，有時候作為禮拜儀式的講述者，有時候是具有犧牲精神的牧師，有時候是魔法師。在其他的時期，他也就是一個演說家或宮廷詩人，其職責僅僅是弄臣或小丑（Scurra）。與之相關的動詞是thylja，原意是聯繫巫術、背誦宗教教義或是囈語。Thulr匯總了很多神話學和詩學的知識。他是一個很瞭解傳統和歷史的睿智老人，他可以背出英雄和其他名人的家譜，可以在宴會上暢所欲言。另外，他還擅長競技演講和智慧比賽。在面對這一身份的時候，我們所能想到的是《貝奧武夫》中的安佛德、巨人或醜矮人之間的智慧比賽及mannjafnadr，他們都屬於thulr。盎格魯-撒克遜的詩歌《威德西德》（Widsid）和《流浪漢》（Wanderer）是家喻戶曉的，而其中有很多接觸的典型宮廷詩人。以上的特性都是古代詩人所特有的，並為其帶來書卷氣息。可是，不管是褻瀆還是神聖，他們總是透過遊戲才能發揮作用。

如果我們想要追隨最初的Vates，趕超古代日爾曼民族的thulr，並不需要太多想像，我們可以輕易從封建時代西方的「中世紀吟遊詩人」（Joculator），或者是先驅者那裡找到這些他的影子。我們在謾罵比賽中所提到的這些人，與原始時期「異教詭辯家」非常相似。他們記錄下歷史、家譜和各種傳說，並在節日裡發出呼籲，最為關鍵的，他們還有另一個角色：官方的炫耀者。

毫無疑問，詩是來源於遊戲並最終形成的一種神聖遊戲。可是，站在神聖性角度上，它是歡愉和自由的。直到現在，都沒有人對審美衝動的滿足感存在任何疑慮。這是潛藏在禮儀行為的體驗裡的，因此禮儀的狂喜所發展而來的讚美詩最終促使詩的形成。此外，因為詩在社會娛樂、部落競

爭中佔據重要位置，所以最能讓詩變得豐富的因素就是對新季節的慶祝，特別是當春天降臨，青年男女邂逅在歡歌笑語中時。

這樣的詩可稱作是讓青年男女沉迷的，具有誘惑力或排斥力的原始遊戲的催生物，這一點很關鍵，就如同詩來源於典禮一樣。萊頓大學的德·約塞林·德·榮（de Josselin de Jong）教授根據他本人在東印度群島的布魯（Buru）島和巴巴（Babar）島的親身經歷，已經有足夠的證據證明這樣具有社會競技特點的詩非常精妙，是具備文化遊戲的功用的。筆者很感謝作者允許從其還未出版的作品中找到很多論據。布魯島中心的居民即「拉那」（Rana），喜歡在慶典時對唱，也就是Inga fuka。在鼓聲中，男女老少一起哼唱，很多曲子都是即興的原創，其中不乏嘲弄和逗樂的作品，其中五種以上Inga fuka是出類拔萃的。在唱歌時，大多是按照自左向右或從右向左的順序，無論是提問或回答，進攻或防守，挑戰或回應。有時很像迷。最典型的Inga fuha叫做「先去後跟的Inga fuka」。每次從左往右唱的歌詞與孩童們進行的「跟著嚮導」（follow my leader）的遊戲是一樣的。詩歌的正文部分常常利用諧音，利用某個詞語的變化將抑音節和揚音節連接起來。一般來說，構成真正詩歌的是突然明朗的觀點、典故、詼諧語或是由詞語本身的聲音中的元素，沒有實際的意義。雖然這是遵從了某些韻律學規則的，但我們只能在遊戲範疇內對其加以解釋。而在內容方面，主要是關於美德、愛情、節約等或風涼話。但是最初的Inga fukas，幾乎所有作品都是即興創作的，流傳下來的詞句也是經由不斷修正而完善的。愛好藝術的人是受大家尊敬的，並且具有某種特長。那些譯本總讓人想起馬來文化的pantun，在感情和基調上，布魯文學多少受到它的影響，這同樣會

讓人想到日本俳句（haikai）。

詩的很多形式在「拉那」中是共同的，所遵循同一個原則，除了Inga fuka以外，它們同時存在於一對新人交換禮物或家庭爭吵中。

德・約塞林・德・榮在東南群島巴巴族群（Babar Group）的維坦（Wetan）島上發現一種形式另類的詩，幾乎都是即興創作。比起布魯人，巴巴的居民唱得更多，二者都是在部族中單獨創作的。男人們拍著大頭短棒，坐在椰樹上吟唱悲傷或帶有諷刺意味的歌曲，來貶損旁邊樹上的人。有時，後者會引發不愉快，甚至以暴力和殺戮結束。一切兩行的歌曲，被稱作「主幹」（trunk）和「精華」（top）或「王冠」（crown）。不過，問答的界限很模糊。布魯詩與巴巴詩的區別是後者是經由旋律的轉變來實現，而不是玩弄聲音或是一語雙關。

上文中所提到的馬來詩體pantun是一種四行詩，通常是隔句押韻的，前兩行在陳訴事實或喚起感受，後兩行則用一些不相關的靈活映射來將它們聯結起來。整個形式像一種jeu d'esprit（智趣遊戲）。到16世紀時，pantun的意思依舊是諺語或寓言，而四行詩卻不怎麼重要了。最後一行用爪哇語來講，就是djawab，是一個阿拉伯詞，用來指解答或答案。很明顯，pantun在成為一種固定的詩歌形式之前曾經是個問題遊戲，而後來合理的答案已經被有韻律的諧音所替代。

毋庸置疑，日本詩歌的形式是與Pantun有相同之處，一般被稱為俳句。這種小詩只有三行，分別有五、六、七個音節，通常是在抒發傷感或感動的心情，喚起動植物及人類心中的感情，有時候也是瞬間迸發出來的有意思的暗示。在最開始，俳句應該是由遊戲者開始，而另一名則開始進

行有韻律的遊戲。

背誦芬蘭史詩《卡勒瓦拉》的傳統方式中蘊含著詩與遊戲的結合點。洛恩羅斯（Lonroth）是個喜歡收集歌曲的人，他發現這種怪異的風俗保留下來了，有兩名歌手相向而坐，他們在較量誰懂得更多的詩節知識時，互相握著對方的手來回晃動。而這樣的方式同樣出現在冰島的傳奇故事中。

有很多社會遊戲的詩是沒有多少意義且多種多樣的。其中充斥著爭強好勝的意味，主要表現是在輪流唱歌、歌唱、詩歌比賽中，而即興作詩的目的卻是破除某一咒語。顯然前文中的主題與斯芬克斯的「決定命運的」謎團是有相同點的。

上述形式都是在遠東得到快速發展的。葛蘭言在重新詮釋中國古代文本的時候，為我們描繪了一幅田園時期流行的男女吟詩方式的畫面。這類方式依舊存在於安南，安南學者那古英對此很有研究。在此，當詩塞中的辯論部分成為公開的調情時，就非常有意思了，它是以諺語為基礎的。而這些諺語一般會重複出現在每一節詩的末尾中，作為證明情人動機沒法駁斥的證據：而在15世紀法國的debats（辯論）中出現了相似的情形。

所以，以社會遊戲為本質的詩歌比賽，範圍非常廣。古代中國和安南幽怨的愛情情愫、前伊斯蘭教阿拉伯半島激烈的誇耀或謾罵比賽、愛斯基摩人之間用來代替訴訟的詆毀式擊鼓比賽。當然，我們需要將12世紀奧克語的愛之過程（Cours d'amour）也容納到這個範圍中。根據之前被揭穿的一個基礎性因素，吟遊詩人的詩都引自普羅旺斯高貴的愛情法庭。雖然被擯棄，但它依然引發哲學界的爭議：是否真的存在這樣的愛情法庭？還是純屬虛構呢？選擇後者的人顯然走的很遠。可是，愛情法庭其實

是一種詩性遊戲，是具有實效性和公正性的。這與12世紀奧克語的習俗是有共同點的。其過程是用遊戲作為對愛情問題的爭辯和探討方式的。就像我們所觀察到的，愛斯基摩人的擊鼓比賽一般源於婦女的怨言。在兩個案例中，都是以愛的困境作為討論主題的，而之所以透過「愛情法庭」來解決，是想保持被告和原告的榮譽。其步驟與正規訴訟是相似的，可以經由類比進行證明和判斷。而這些詩人的作詩風格和戀人的需求相關聯，比如partimen——輪流吟唱的歌；Castiamen——斥責；joc partit——問與答的遊戲（也就是英文詞「jeopardy」）；tenzone——爭論。這些不是自由的衝動性行為也不是正規的訴訟，甚至也不是簡單或單純的社會分化，而是陳舊年代在愛情中追逐名譽的行為。

然而，尤其在遠東，大家都認為詩的形式是以競賽為基礎的遊戲的文化行為。例如，某個個體有可能被告知完成一項目標：即興作詩，用來接觸一個魔咒。這裡的關鍵點不是日常生活中這樣的習慣是否有現實意義，而是這些遊戲主題不斷映射出人類的心理活動。這是一種表達手段，就像罰物遊戲或「致命的」謎團一樣，或許可以將需要謹慎處理的生活問題進行妥善解決，並且詩的藝術目的是自身的提高並透過這種形式找到更好的發展契機，而不是單純從審美功能出發。讓我們在那古英的作品中尋找幾個案例：

譚博士的一位門徒每次去上學時都要經過老師隔壁少女的閨房。他們每次經過時都會說：「你真可愛，真好看。」對此，少女非常憤怒。於是，她在某一天特意等到他們，說道：「如果你們真心喜歡我，那我出一個句子，我會喜歡上能接的上句子的人。否則，你們就安靜的從這裡走過

去。」學生們沒有誰能對的上她出的句子，因此他們無奈的繞過屋子。此外，還有一首敘事詩svayamvara，這首浪漫的安南鄉村校園歌曲，與對布倫希爾德的求愛是相類似的。

此外，特蘭（Tran）家的堪杜（Khanh-du）犯了錯誤，被撤職並發配到池嶺（Chi Linh）賣煤。後來皇帝在戰役中到達此地，遇到他，讓他以買煤為主題作首詩，他的詩作受到皇帝的賞識，因此官復原職。

在遠東，並不是所有人都能做得了即興詩，因為那是一種天賦。安南派往北京的使節之所以成功，就在於他即興賦詩的能力。其中的每個人都需要做好回答各種問題的準備，並掌握回答皇帝或官員謎題的技巧。這被稱作遊戲外交。

韻文形式的問答遊戲還具備儲備知識的功用。一位少女剛答應情人的追求，他們計畫開家小店。男子向她發問，問她藥劑的名字，因為其中隱含藥典寶藏的答案。此外，其中還有貿易知識、演進技術、農曆知識。可見，情人間也會就文學知識進行提問。而前文中一切形式都與遊戲密不可分，問答也同樣如此。這在遠東生活中是必不可少的重要因素。

而這種作為社會生活重要表達方式的韻文形式卻漸漸被文明拋棄。所有地方，詩都是先於散文的。詩是用來表達神聖事物的合適方法。除了符咒和頌歌用韻文形式來表達，而早期的古希臘長篇記事作品和古印度格言（sfitras, sastras）、箴言都是如此。盧克萊修與恩培多克勒都將學識融入詩篇之內。或許大家是因為其實用性，才會對韻文情有獨鍾：這種方式比其他形式更加簡潔。

除此以外，更深的原因在於古代社會生活中自身的結構就帶有很強的

韻律。詩歌對於高層次事物來說，也是最貼切的表現方式。直到1868年，日本人在撰寫重要的國家文件時依舊採用詩歌形式。至少我們可以在德國法律歷史學家身上找到濃重的詩文氣息。幾乎所有研究日爾曼法律的學者對於古代弗里斯蘭法律中的一個段落都非常熟悉，其中有一項是關於孤兒繼承權被買賣的原因，如貧困，而其中就含有押頭韻的意味：

「第二種貧困是因為物價飛漲，普遍飢荒，兒童面臨餓死的危險。因此母親無奈將孩子繼承的財產賣掉，來換取玉米或牛肉等。第三種貧困是孩童無家可歸，衣不蔽體，並且飢寒交迫，野獸在樹林間搜尋他們的足跡。因此孩童啼哭垂淚，傷心欲絕，並努力尋求生父或避難之地，而父親卻被四根釘子釘在幽暗的泥土裡。」

從我的角度來看，比起精緻的裝點物，我們更注意周圍的氣氛，在那裡，法律的發展依舊屬於神聖的事，最好的表現方式就是詩性詞彙了。在忽然進入詩歌領域的過程中，古老的弗里斯蘭範例成為眾多例證中的典型：從某種程度上來說，他比古代冰島的「特萊格故事」（Tryggdamal）還要有代表性。後者是利用押韻詩為形式，凸顯和平的恢復這一事實，將注意力放在付清賠償這一點上，並體現了新的矛盾。可是他所指的「擾亂和平的人」是無法躋身於法律之內的，並利用詩歌來拓展法律的範圍：

「無論何地人們

搜尋野狼，

基督教徒

步入教堂，

異教之人
供奉犧牲，
火焰通紅，
土地青翠，
幼童呼喚母親，
母親哺乳幼童，
爐火得以照看，
船隻航海旅行，
盾甲閃爍，
太陽照耀，
瑞雪降臨，
松樹成長，
鷹隼飛翔
黎明長久
（強風生出雙翼），
無論何處天空
高高升起，
家庭節約，
風聲唱和，
河流奔入海洋，
僕人播種玉米。」

與前文中例子所不同，這顯然是法律條文中單純的文學性修辭，它是無法作為有效公文在實踐中起作用的。可以證明神聖法律與詩之間在最開始是互相統一的例子有很多，這是關鍵問題。

　　一切詩歌都來源於遊戲：軍事競爭遊戲、神聖的崇拜遊戲、好勝的吹牛遊戲、宮廷節日遊戲、比拼機智的遊戲等。在日益複雜的文化氛圍中，詩中又有多少遊戲因素可以保留下來？讓我們先來明確詩、神話、遊戲之間的關係。不管神話是以什麼形式保留下來的，本質都是詩。神話是根據想像來描述了發生在遠古時期的事件。其中隱含著神聖深邃的意味。這些聯繫是無法用理性的方式來進行描述的。可是，雖然文明的神話階段中神話自然具備神聖性和神秘性特徵，雖然神話需要真誠，才會被認可，但至於神話是否帶有嚴格的嚴肅性，至今沒有結論。我們可以中肯地說：因為詩具有嚴肅性，所以神話也是嚴肅的。神話和詩都是在遊戲的範疇內活動，就像很多超越理智和邏輯的事物一樣。這個空間不是低級的，因為就像遊戲一樣，神話可以超越理性，達到更高的層次。

　　我們所得出的對於神話的恰當理解，並不是如今存在的，試圖篡改的意思，而是原始人對宇宙各種看法的載體。神話中，完全意義上的想像及絕對不可能之間的區分是模糊的。野蠻人的邏輯能力和安排能力不強，所以對他們來說什麼都有可能。雖然神話有兇暴和荒唐的意味，比較誇張，存在矛盾並充滿幻想，但它不是純粹虛幻。正因為如此，我們希望瞭解到野蠻人是否從開始信奉神聖神話的那一刻，就帶有幽默的成分。因為詩和神話都源自遊戲，所以野蠻人的生活（或信仰部分）應該也來源於遊戲，至少具有可能性。

活生生的神話非常明確在嚴肅性和遊戲之間沒有界限。二者之間的區別作用於神話並造成傷害，是需要一些前提條件的，那就是神話轉化為神話學，也就是文學，被文化（那時候，或多或少已經不具備最初的想像力）看做是一種傳統知識。希臘人知道，神話轉變為嚴肅性的過程中有一個特定的過度階段，而這卻被認為是對舊有語言的累述。我們對於希臘神話中的人物是如此熟悉，我們承認他們早已經在我們詩的意識中佔據一定的地位，最終導致的結果是，我們可以容忍他們類似於野蠻人的性格特點。在埃達神話中，我們也可以找到一些古希臘神話的影子——除非瓦格納讓我們對此產生了免疫力，並感到麻木；然而，只有那些還未讓我們產生審美疲勞的神話才能讓我們看清其野蠻本質。我們在古代印度神話或不自然的幻覺中可以清楚意識到這個問題，文化人類學家試圖讓所有人感到愉悅，可對於沒有成見的個人來說，希臘神話或日爾曼神話中的人物總是缺乏趣味性或連貫性的，在此，我們姑且不提倫理學與非洲、澳洲、印度、美洲的土著相類似的現象。根據我們此階段的標準來推斷，希臘與埃達的神性竟然是毫無章法，缺少趣味性，腐敗的，而在赫耳墨斯、托爾和中非的某神之間幾乎沒有選擇的餘地。無須懷疑，從遠古時期保留至今的神話人物一般都是野蠻社會的殘留勢力，根本無法用當時已經達到的精神層次來做比對。所以在文學編撰時期，為了成功的理解神聖的知識，一方面可以用純粹的文學來做土壤，另一方面可以在牧師那裡選擇一種神秘的解釋做標準。因此我們不再完全相信神話的真實性質，而從最初就隱藏在神話中的遊戲因素就開始越來越凸顯。在荷馬時代，人們的那種信念就已經開始瓦解了，然而，神話在失去人類心中的地位之後，依舊使用詩性語

言來表示神聖的功能，這除了有審美功能外，還具有禮拜儀式的功用。當柏拉圖或亞里斯多德想要用簡單的方式來對我們展現哲學的真諦時，他們依舊選擇了神話；亞里斯多德所構建的神話世間萬物對不朽的原動力都充滿了熱愛，而柏拉圖所構建的神話則是靈魂。

在《新埃達》的開頭，即〈吉爾伐吉寧〉和〈斯卡爾斯卡帕故事〉的前幾頁中，我們可以充分的瞭解到神話中的真正遊戲特徵。我們所面臨的就是那種已經完全轉向文學領域的素材，雖然因為它帶有異教徒的特徵而遭到官方的否認和打壓，但是作為人類文明遺產的重要組成部分，它依舊具有重要的意義而被廣泛閱讀。該作品的翻譯者是基督徒、預備修士或神學家。據筆者所知，在他們一遍一遍的描述這些故事情節時，一般都有一個詼諧幽默的注解。這種聲音並不是來自基督教徒的，這些被信仰所征服的異教徒帶有嘲諷的心態，這也不是皈依者遠離黑暗時代時所發出的呼喊。這種聲音中摻雜著信仰的成分，有一半是遊戲性質，另一半是嚴肅性。這一種在神秘思想中不斷重複的聲音與異教徒的鼎盛時代並沒有明顯的區別。在虛無荒唐的神話主題及高度發展的詩歌技巧之中，似乎有一些東西存在嚴重衝突，這倒是非常符合神話本身的特點，即雖然在物質上非常匱乏，卻始終想以高雅的方式來展現。第一篇記事的名字，吉爾伐吉寧（Gylfaginning）其實是對吉爾伐（Gylfi）的愚弄，這是其隱含的意味。就像托爾在烏特嘎爾基（Utgardaloki）大廳的辯論一樣，它採用的是最原始、最著名的關於宇宙演變進化的疑問式的方式。就像內克爾（G．Neckel）為此正確使用了「遊戲」一詞，質問者剛勒里提出了關於萬事萬物的問題，涉及到冬季、夏季、風雨等神秘的現象。遊戲規則為：答案只

能以稀奇古怪的神話形式來體現。〈斯卡爾斯卡帕故事〉在最開始也進入遊戲的範疇，他描繪的是一個多毛、愚蠢、遲鈍的巨人及喜歡胡思亂想、莽撞粗魯、長相怪異的人，幸虧結尾處表明了這是屬於幻想。可見，這就是神話結尾的特點：虛幻、雜亂、空想。可是，如果將這樣的特點作為由鼎盛走向衰敗的原因，就有失理智。相反的，神話的特性就是缺少固有的風格。

詩有很多各式各樣的形式要素：押韻、詩節形式、韻律形式、諧音、重音、節律。此外，還有戲劇、抒情詩、史詩等。這些形形色色的要素遍佈世界各地。無論是用什麼語言，在什麼地方，在什麼時代，無論詩歌主題數量有多麼龐雜，卻也都可以找到共同之處。這些方法、形式和主題我們非常熟悉，以至於我們會認為他們理應存在，因此不再問他們的共性是什麼，為什麼會是現在這樣。我們或許可以在以下事實中找到為何人類在所有社會階段都有統一的共性及詩歌模式中限制性的共同點：我們所說詩歌的創造能力是來源於一種比文化更早的形式中，即遊戲。

讓我們再來列舉一下遊戲的重要特點。遊戲是一種在時空內按照某秩序和大家公認的規則，並處於必需品或適用範圍之外的行為。熱情和狂喜是遊戲的基調，且與場景相稱，既神聖又喜慶。隨之而來的是興奮、緊張、歡愉、自在。

我們不得不承認，在詩性創造時也需要這些氣氛。其實所有對遊戲的描寫都可以轉移到詩歌上來。押韻和諧音的巧妙運用，對短語進行藝術的人為加工，語言上的對稱和韻律，對感覺的精確修飾等特點，都可以在遊戲中找到。就像瓦萊里所言，將詩看作是文字遊戲是非常貼切的，而不是

隱喻的說法。

　　遊戲與詩之間的密切聯繫不僅僅表現在外表上，同時也存在於創造性想像的自身內在中。在主體發展、詩性短語轉化情緒中，總含有遊戲成分。不管是現代小說還是傳奇，是抒情詩還是神話，史詩還是戲劇，作者都會自覺或不自覺的製造出讓讀者心情愉悅的氛圍。所有隱藏在創造性寫作下面的一半元素都是人類的情感，它非常強烈，可以控制人的狀態。然而，有一點很重要，這樣的狀態並不常見。簡單說，這樣的狀態一般來自愛情、衝突或二者的結合。

　　如此一來，愛情與矛盾都含有對峙和競爭因素，而競爭中含有遊戲。一般來說，文學與詩的關鍵主題是奮爭，也就是英雄在達到目的的過程中需要克服困難，經歷苦難。這一點可以從對主人公的稱呼看出：英雄。目標看似不可能，非常艱難。多半被設定為一種挑戰或承諾，情人的衝動等。這些主題容易將我們引向帶有競技成分的遊戲中，另一種製造氣氛的主題在於營造英雄的神秘身份。他要麼可以隱瞞身份，要麼他也不清楚自己的出身，要麼因為他自由自在放浪形骸。或者說，他會帶著面具，心中隱藏著一個秘密。我們像是參與了一個古典的躲閃式的遊戲，而躲藏者只對知情者暴露自己的真實情況。

　　作為一種真正意義上的競爭，古代詩和猜謎比賽幾乎不存在區別。人們製造出智慧，即美的另一種說法。二者都受到遊戲規則系統的控制，這些規則可以將觀念或與之相關的一切都限定在神聖的或詩意的氛圍裡，二者都可以假設對所用語言的背景非常瞭解。它們的有效性要根據他與遊戲規則的符合程度來確定。只要一個人可以講藝術語言，就可以獲得詩人的

頭銜。與日常用語所不同的是，藝術語使用了特殊的修辭、術語等，並不是誰都可以。我們只能通過想像來將現實與理念連結起來。模糊不清的概念與生活的激流是無法同步的，所以我們要用想像和修辭手法才可以對事物進行準確表達，並讓他們看起來帶有理性色彩，即理念和臆想相結合。雖然日常生活用語中有一些實際性的工具逐漸消耗詞語的臆想成分，並希望它在表面體現的合理，詩依然是用巧妙的用意不斷培養修辭性的特質。

詩性語言憑藉想像所做的正是同臆想遊戲。文字是其表現形式並加入神秘成分，便於將奧秘的答案隱藏在臆想中。

在古文化中，作為一種最有效的表現形式，詩人的語言比文學靈感還要廣泛而重要。它將禮儀性質放在詞語中，可以作為體現公平、智慧和道德原則的社會關係的仲裁者。這些對於遊戲特性的態度都不是輕蔑的，因為文化本身就設定了一個遊戲的界限。在這個時期，文化的社會角色是遊戲。就算是最看重功利的人也要將注意力轉向遊戲。可是因為精神層面的文明程度增加，在某些缺失遊戲特質的地方，其發展則將自由遊戲的區間也一併吞沒，因此作為一個整體的文明，嚴肅性與日俱增；法律、商業、戰爭等漸漸與遊戲失去聯繫，而禮儀或曾經屬於遊戲的領域也漸漸解體；最終也只有詩歌作為高貴的遊戲一直保留至今。

因為詩性語言的遊戲性質非常明顯，所以根本沒有必要再舉例說明。我們可以發現，古代詩與現實是緊密結合的，而詩中富含的技巧為我們帶來的精練和謹慎的態度也是非常可貴的。因此，後代將這一系統視為高貴的科學，並流傳至今。在各種群體中，我們可以用相似的方式看到大家對這一系統的讚揚，這是普遍現象；而有些人是因為空間的限制而無法接觸

到可以影響或豐富其文學的文明。比如，在伊斯蘭教之前的阿拉伯，以及《埃達》與傳奇時代的冰島就出現了這類狀況。

　　暫且不說韻律和節拍的細節，我們發覺有一個例子對於在暗語中遊戲與詩的聯繫能夠進行明確的闡述，那就是古斯堪的納維亞的隱喻詩（「Kenningar」）。即詩人會用「語刺」代替「舌頭」，用「風廳的地板」代替「大地」，用「樹浪」代替「風」。就像在給聽眾解釋詩意的謎語一樣。無論是聽眾還是詩人都應該掌握成百上千的這類遊戲。對於一些很重要的事物，我們會找到很多詩意的名字。比如說，黃金。在〈新埃達〉的一個記事裡，〈斯卡爾斯卡帕故事〉或〈詩人的言說〉，就存在這樣一份詩意表現形式的列表。隱喻（kenning）的用處可以說是對神話知識的測驗。在每一尊神都有很多隱含的名字，其中隱藏著他們的各種複雜關聯或是經歷。「描述一下海姆達爾（Heimdall）吧」、「我們可以叫他『阿薩』、『九位母親的兒子』、『眾神的看護者』或『弗萊雅（Freya）項鍊的尋找者』、『羅基的敵人』等，他的名字有很多」。

　　謎與詩之間的關係一直都存在。我們不要走入過分關注冰島詩人（skalds）的清晰性這一誤區。在希臘詩人的言辭中也被要求帶有神秘基調。在行吟詩人之中，其藝術的遊戲功用比其他形式更加突出，尤其體現在玄奧詩的創作（trobarclus）中。因為現代抒情詩派喜歡將這一形式存放在不容易觸及的範圍之內，且喜歡將內涵隱藏在暗語之中，所以藝術的真正本質得以完整保留。他們通過熟悉甚至瞭解自己的小圈子，逐漸形成流傳至今的文化群體。然而，我們不知道是否可以通過欣賞這一文明的能力，培養出這樣的藝術形式，並瞭解其存在的理由，發揮應有的作用。

第8章

「神話詩」諸要素

當我們用生命或運動的方式去描繪事物時，就變成了擬人的手法。而詩歌的靈魂就是將無生命或無形的東西擬人化。然而事實上，這件事並沒有這麼單純。並非是首先想像出一件無生命或形式的東西，然後向有形的、有生命的東西轉化。而是在一開始，被描繪的對象就被想像成有生命的事物。所以當人們將自己的想法轉化給其他人時，就產生了擬人。而這種想像就會產生概念。

我們是否可以將這種天生的、試圖構想充滿活力的生機勃勃的觀念世界的傾向叫做智力和大腦遊戲呢？

讓我們來看一看最基本的擬人方式，內容是關於宇宙起源的神話：世界就是某個神靈用自己的肢體創造出來的。關於這樣的想像，我們可以從《梨俱吠陀》和較晚些的《埃達》中找到影子。而語文學家一般認為這是已經被改善過的著作。《梨俱吠陀》的第十個讚歌對祭祀牧師所做的祭祀儀式方面的解釋，也就是祭祀牧師掌管的那種原始神話，是非常神秘的。他認為，世界上最初的生命是人類，也被稱作「普魯莎」（Purusha）。他用自己的身體製造了世界上的一切：「飛禽走獸，原野村莊」；「他的眼睛變成了太陽，精神變成了月亮，嘴則變成了因陀羅和阿格尼，他的腳變成地球，頭變成天國，呼吸成了風，肚臍中成為天空。耳朵裡出現了地的四維；於是產生了世界。神把普魯莎看做祭品燒掉。這一章可以看作是古老神話和之後宗教文化的結合物。我們不知不覺發現，在這章的第11首詩中，出現了我們所熟知的疑問式語句：「當它們將普魯莎進行分解時，會分成幾部分？嘴叫什麼？腿腳、胳膊呢？」

在《埃達》中剛勒里也同樣問道：「是什麼存在於世界之前呢？而世界是怎樣開始的呢？」隨後，就出現了對世界起源的解釋：首先，原始巨人依米爾（Ymir）在冰層與熱氣流的相撞時出現，神殺死了他，將其肌肉變成地球，骨頭變成山脈，頭顱變成天空，血液變成江河，頭皮變成樹木⋯⋯。

可見，這些描述最開始不是以生命起源的神話為對象的。展現在我們面前的是最原始的材料（至少在《埃達》的例子中如此），這些材料從祭祀領域轉化為文學領域，人類將其當做珍貴的遺產和開啟心靈的力量，並將其完整保存下來。就像我們所說的〈吉爾伐吉寧〉一樣。這就是一切的起源，似乎是一個並不嚴肅的笑話。因此我們應該問自己，人類大腦中的這種「遊戲性」因素是不是與生俱來的。換言之，當我們想用一般性語言概括以上的說法時，我們不確定是否原始印度人和斯堪的那維亞人完全相信，是人的肢體產生了世界。不管怎樣，我們無法證明這個說法，或許本來就是虛假的。

一般來說，我們更容易相信抽象概念的擬人方式是文人們的創新行為。例如，後世文人經常會用到預言這種形式。確實，當詩學不再以原創神話為基礎，也不再是神話活動的重要環節，人們就會開始懷疑其自身具有的擬人信仰價值，或者會懷疑其真實性。在詩歌中，擬人是一種組成材料，就算人們依然將其本身看做是帶有神性的。這對於我們在荷馬史詩中看到的擬人例子同樣適用。例如，用阿特（Ate）表示「幻象」，她時常悄悄進入男人意識中；用麗泰（Litai）表示「祈求」，她是個又醜又斜視的女孩——這兩個都是宙斯的女兒。我們可以從赫西奧德那裡找到無數這

樣的例子，他們都是無形無色的虛幻事物；《泰奧格尼亞》（Theogonia）將邪惡的厄里斯（Eris）的後代用抽象的概念進行表述：痛苦、辛勞、爭吵、自殺和謀殺、遺忘、飢寒交迫、嫉妒、欺騙等。提坦帕拉斯（Titan Palas）與海之女斯迪克斯（Styx）的兩個孩子——克拉多斯（Kratos）和比亞（Bia）與宙斯經常在一起。這些是不是都僅僅是我們幻想出來的？或許不是。我們或許會出現這樣的推斷：這些運用抽象概念進行擬人處理是由宗教形成初期所催生出的，那時候，人類對周圍超越自然力量的體會還不以人體為載體。當大腦遇到一些環境或自然所呈現出的神秘的，無法抗拒的威脅時，人還來不及構想出各種神靈，因此它只會為這些讓他感到威脅或安全的東西起一些模糊不清的名字，隨之產生的就是一些並不清晰的人體形象或生命跡象。

可見，那些神秘的人們漸漸從人類頭腦中形成，模糊不清但又帶有書卷氣息；恩培多克勒（Empedocles）就是以此為基礎描述另外一個世界的狀況：「那是一個缺乏歡愉的地方，『憤怒』之神，『謀殺』之神及其他的奇怪之物都在黑漆漆的草原上來回走動；漸漸的將『疾病』之神，『腐敗』之神及其後裔都吞噬掉；可是在那裡，同樣生活著讓人溫暖的太陽女神，讓人悲傷的『和諧』之神、充滿血腥的『爭鬥』之神、『性急』夫人和『性慢』夫人、『醜陋』之神和『美麗』之神、『真理』之神和『陰影』之神。」

在古羅馬「indigitamenta」的活動中，羅馬人以其獨特的宗教意識保留著這樣的擬人能力；這種儀式比較正式，當公共的情緒產生錯亂的時候，開始構想出新的神靈，為的是緩和集中爆發的集體情感。這其實

是一個充滿智慧的心理學滑頭，目的是用安慰的方式除去危險的社會緊張情緒。而「恐怖」或「蒼白」這類事物一般都有自己的神壇，多米杜卡（Domiduca）和埃烏斯‧羅克提烏斯（Aius Locutius）、雷底庫勒斯（Rediculus）也是這樣。在《舊約》我們同樣能找到此類案例：在《詩篇》第85中，「公正」、「慈愛」、「平安」與「誠實」碰到了一起，相互親近。除此之外，還有《啟示錄》中的四個「馬人」、《智慧書》中的「智慧」等。馬塞爾‧毛斯提到英屬哥倫比亞印第安人中有一個以分配財物為職責的「財產女神」。

在看過這些案例後，我們會問到：「信仰態度在這類擬人手法形成過程中究竟發揮怎樣的作用？」之後，我們會進一步提問：這些擬人只是大腦的一種遊戲形式嗎？從近代的案例中，我們得到肯定的答案。阿西西的聖法蘭西斯以一種神聖而虔誠的心情將「清貧」（Poverty）也就是他的「新婚妻子」看作是神的化身。可是，如果我們理智的問聖法蘭西斯是不是真的相信世界上真的有一個叫「清貧」，並且確實與其觀念相符的精神世界的事物，我們就不那麼肯定了。這可能太直接了，但我們是想找到隱藏在此觀念中的情感因素。聖法蘭西斯的態度中隱含著信與不信的因素。教會好像沒有給他權力讓他能夠堅信這件事。他的「清貧」概念可能會在想像或宗教信仰之間來回搖擺，雖然會傾向於後者。用簡單的語言來描述其心理狀況：法蘭西斯其實在與「清貧」這個人物做遊戲。在這位聖者心中，一直存在著很多遊戲因素和遊戲人物，這也是他一生中的亮點。同樣，德國神秘主義者亨利‧蘇索（Henry Suso）比他晚一個世紀，同樣沉浸在自己所構思神秘的「永恆智慧」（Eternal Wisdom）的遊戲之中。這幾

位聖者與神秘主義者用來開展遊戲活動的場所是遠離塵世的，更與理性思維毫無關聯。神性與娛樂性，詩性想像力和宗教信仰往往都是互相重疊在一起的。

筆者曾經細緻的研究過，對於中世紀詩人、神學家、空想家而言，寓言是否有實際性價值。也曾寫過一篇文章，內容是分析艾倫・德・里爾（Alain de Lille）對神學與詩歌關係的看法。但是，我們無法嚴格區分詩歌的擬人手法和神學的天國生物。如果我們將艾倫・德・里爾具有如此豐富想像力的詩歌作品（諸如Anticlaudianus或De Planctu Naturae）僅僅看做是一些「文學」遊戲，這對其來說並不公正。在他的詩歌中，藏有深刻的哲學和神學思想。此外，他很明白，有一種明顯的想像性特點存在於他所使用的工具中。就算是賓根的西爾德加德（Hildcgard of Bingen）也不會相信她在幻覺中看到的「美德」是真實存在的。實際上她不贊同這樣的觀點。她說，在她所謂的美德和臆想中，僅僅存在的是「符號化」（Signifying）的關係。可是，他們卻在幻覺中如真實事物一樣存在。就像在艾倫・德・里爾那裡一樣。在西爾德加德那裡，就算是一種神秘的體會，大家也會認為詩性的想像暢遊在遊戲與嚴肅性、信念與幻想之間。

無論是何種表現形式，是文學性還是宗教性形式，從吠陀的普魯莎到《頭髮遇劫記》（*Rape of the Lock*）中鮮活塑像，擬人作為大腦的一個關鍵習慣，是具有遊戲功用的。就算是處於現代文明中，她也沒有發展到進入純粹的文學領域。我們無法在日常生活中超越這樣的形態。很多人不可避免的會與某一個無生命的事物較勁，例如，鈕扣。因為它在你緊急情況下給你設置困難，因此你開始咒罵它。當你這樣做時，就是在擬人。可

是一般來說，你不會將鈕扣作為實物而產生信仰。你所進行的遊戲是被動的，是暫時的。

假如大腦給予人類的這種天性是源於遊戲，那麼我們就無法避免以下的嚴肅問題：遊戲態度可能比人類文明要早，因此想要瞭解擬人，就要研究遠古時期的事物。從比較宗教學和人類學中，我們發現宗教生活的一個重要特徵是用動物的形式來將神靈擬人化。圖騰系統的基礎是動物想像。一個部落在自稱「烏龜」或「袋鼠」的時候，其實真的將自己當做是烏龜或袋鼠。大家所熟知的「versipellis」這一觀念中同樣具有這樣的思維形式：動物可以改換外皮變成人類，比如「狼人」這些都隱藏在宙斯經常出現的變形（如Leda、Semele、Danae等）及人獸參半的埃及神靈中。顯然，對古希臘人、埃及人而言，用動物來形容人，其實是很嚴肅的。他們無法對二者進行嚴格區分，就像孩子一樣。可是，透過他帶上動物面具出現在眾人面前這個事實，就可得知，他是比動物先進的。我們已經脫離了原始狀態，所以如果想要體會當時的情感，就要假設我們的童年一直處於原始狀態，無論是神聖的感情還是孩子氣的遊戲活動。可是我們只有從遊戲中才可以找到神話、儀式、宗教的最好解釋，這是不是一種大膽的假設呢？

在研究寓言或擬人的時候，我們還會將注意力轉向另一個嚴肅的問題。我們對目前的心理學和哲學心理已經完全不存在隱喻表達方式這個事實，真的確定嗎？對此，筆者經常感到懷疑，並認為這是永遠不可能的事情。傳統的暗語只能通過學科性術語來存在，在他們為心理狀態或衝動命名時，經常出現擬人手法。

我們更是難以將其與心理分析的文學相區分。我們甚至會懷疑，如果

抽象言辭已經脫離這一領域，是否還有存在的載體。

從「遊戲功能」的角度，詩歌和神話元素都可以得到完美的解釋。為什麼詞語要受到韻律、節拍和節奏的控制呢？如果站在情感和美學的角度來做解釋是行不通的。假如我們這麼說：因為人類感受到社會遊戲的需要，所以才創作出詩歌作品，這才算觸碰到問題的實質。這樣的需求就促使語言產生。在群體遊戲中，詩歌的作用是很關鍵的，價值很高；假如說社會遊戲不再具有節日慶典或儀式功能，詩歌也就沒有了意義。那些不斷重複的、永恆的遊戲模型催生出對偶、節奏等元素，而它們也只有在這些模型中才有價值。它們與唱歌跳舞的原則在來源上是密不可分的，而這些原則又只能在遊戲的功能中才可以得到合理的解釋。因此，一切詩歌的特性，如魅力、美感、神聖性，在最開始都是隱含在遊戲的特徵當中的。

在一直留存至今的希臘模式背景下，我們將詩歌分為三種：史詩、抒情詩和戲劇詩。當然，其中最接近三者共同來源的遊戲的是抒情詩。這裡的抒情詩不僅包含這一大類，還包含一切可以體現人類情感的詩歌。站在詩歌語言的角度上，抒情詩最靠近音樂與舞蹈，與邏輯思維最遠。抒情詩是一種充滿神秘幻想、巫術、神聖性的語言。詩人受到的是外界強烈的刺激，因此也最靠近虛無和高層智慧。原始民族的牧師和祭司們的語言特點是感性和邏輯缺失。一般來說，只是一些毫無價值的囈語。愛彌爾·弗格特（Emile Faguet）曾論及過「現代抒情詩中必不可少的廢話」，但不僅僅是現代抒情詩才具備這些廢話，整個抒情詩系統都不受理性的控制。抒情詩的一個特徵是極其誇張。而詩歌一定是極端的。《梨俱吠陀》對世界起源的神秘幻想與莎士比亞高貴典雅的天才的一個共同點是，他們的想像都

足夠大膽；雖然莎士比亞是生活在古典主義已經風行的時代，但透過他的作品，我們可以看到古代著魔附靈者（vates）的那種神秘力量。

並不是只有抒情詩可以將一個觀點誇大化、虛幻化，遊戲同樣也可以做到這點。比如在兒童和精神病人身上，我們就可以找到這樣的例子。在一個故事中，一個小男孩從花園裡跑出來，呼喊道：「媽媽，媽媽，我發現有一根大的像上帝的胡蘿蔔。」而有一個精神病人告訴醫生說他看到有個坐著兩輛馬車的東西跑來抓他。「我敢說，那不是一般的馬車。」「當然了，那是一輛金色馬車。」「拉車的是什麼東西？」「四千萬鑽石牡鹿。」同樣，我們可以透過佛教傳說找到類似的不合情理的東西。我們從神話或聖徒傳的編者身上可以找到這樣的誇大傾向。據印度教傳統，西阿瓦納（Cyavana）是坐在一個蟻堆上修行的，而只有他一個人可以看到那個蟻堆。它就像一塊正在發光的燒熾的煤。維斯瓦彌特拉（Visvamitra）踮著腳尖站了一千年。從古代神話到格列佛遊記，各種遊戲中充斥著巨人和侏儒的故事。在《埃達》中，托爾和夥伴看到一個巨大的臥室中伸出一個小房子，於是他們在那裡過了一夜。第二天卻發現原來是睡在巨人斯克里米爾（Skrymir）的手套裡面。

在筆者看來，對於這些太過誇張或超越正常比例的關係，來達到讓人驚訝目的的事情，不用太在意，無論這樣的做法是出現在純粹文學或兒童的想像中還是出現在充滿信仰色彩的神話中。在各種情況下，我們所面臨的都是大腦的「遊戲習慣」。我們似乎不喜歡依據自己的哲學、宗教或科學標準去辨別神話中古人的想法。我們很難區分真正的神話和「促使相信」（make-believe）的半玩笑式的因素。在這裡，我們所排斥的僅僅是柏

拉圖所說的「詩歌的魔術因素」。

　　我們所指的詩歌，也就是希臘語「poiesis」的廣泛意思，總是步入遊戲的範疇。這不能說明遊戲的特徵會一直流傳下去。如果史詩只是供人閱讀，而不是出現在慶典上，它與遊戲之間就會失去聯繫。抒情詩如果不再和音樂產生關聯，也就是失去了「遊戲功能」。只有戲劇這個具有「行動」品德的形式，會一直與遊戲保持聯繫。這些緊密的聯繫體現在語言本身上。尤其是拉丁語及由拉丁語派生出來的語言，德語也是一樣。「play」用來表示戲劇（drama），而「playing」則指戲劇表演。雖然是希臘人創造了戲劇並不斷完善，他們卻不用「play」來描述戲劇本身，也不用它代表戲劇表演。這似乎不合常規，雖然我們對這一情況表示理解。能夠解釋這一術語的紕漏的是希臘語中沒有哪個詞可以指代整個戲劇活動。因為希臘社會是以「戲劇精神」為根源的，所以面對這一精神，希臘人早已習慣了。

　　很明顯，悲劇戲劇都是以遊戲為基礎的。阿提刻（Attic）喜劇是以狄奧尼索斯酒神節上的慶典活動komos為本源的。後來發展為一種有意識的文學活動，直到阿里斯托芬的時代，我們依舊可以從中找到狄奧尼索斯時代的痕跡。在所謂「parabasis」的喜劇表演中，合唱的人站成幾個隊伍，面對著觀眾來回移動，並指出隊伍中的犧牲品，然後進行諷刺。參與者的服裝和動物面具都帶有遠古風味。阿里斯托芬將喜劇主題定為鳥、黃蜂和青蛙等，並不是心血來潮，其中是隱含著動物擬人的傳統習慣。在富有挑戰性、嚴格刻薄的節日輪唱中，存在一種「古老的喜劇」（old comedies），正是因為它帶有公開的社會批判性及諷刺意味。與希臘戲劇

所平行的儀式或戲劇的發展鏈條存在於日爾曼文學中。之後，這條線索又被重塑，其實是歸功於羅伯特・施圖普爾（Robert Stumpfl）的著作《關於日爾曼遊戲崇拜的起源和戲劇的關係》（*Die Kultspiele der Germanen als Ursprung mittelalterlichen Dramas*）。

在最開始，悲劇不是一種體現人類命運的文學形式。起先，它是一種神聖的而遊戲或遊戲式的儀式，而不是可以在舞臺上演出的文學。後來，人們用手勢和對話來描述故事情節的戲劇和對神話主題的表演結合在一起。

悲劇和喜劇的目的都是競賽。我們明白，任何時候，競賽都可以叫做「遊戲」。希臘戲劇家們創作作品是為了參加狄奧尼索斯節的比賽。雖然城邦不直接組織比賽，但卻參與其中。參賽者中不乏二三流的詩人。觀眾喜歡一邊看表演一邊比較並進行尖刻的評論。觀眾可以理解用典和表演、語言風格，就像足球比賽觀眾一樣，體會其中的歡愉和焦急。他們著急的盼望著訓練了一年的合唱團的出現。

戲劇的內容其實也帶有競賽成分。例如：戲劇中會展開對某一個觀點的辯論，就像阿里斯托芬在其喜劇裡攻擊蘇格拉底和尤里比底斯一樣。而在戲劇表演時，演員的情緒會是狄奧尼索斯式的興奮和沉迷。表演者帶著面具，已經超越正常生活，就像自己是其他人一樣。所以，與其說他在表演另一個人，不如說他已經成了他的替身。而觀眾則會切實的感受到他的喜怒哀樂。

在埃斯庫羅斯的戲劇中，激昂的言語，誇張的設想和修辭手段都可以體現它和宗教起源的聯繫。人們不能很好的判斷，在遊戲和嚴肅性之間

存在怎樣的不同。在埃斯庫羅斯的戲劇中，最嚴肅的事情也是經由遊戲來體現的。尤里比底斯戲劇的基調在輕浮和深刻之間遊走。在柏拉圖對話的《會飲》篇中，蘇格拉底說，真正的詩人必定在同一時間一起感受到悲劇和喜劇的氣氛，整個生活也是這樣。

第9章

哲學的遊戲形式

在我們用遊戲的觀念來描述這些現象的同時，不得不將目光轉向希臘的「智者」們。我們可以將「智者」看作是不停出現在我們生活中的，各種古代人物的匯合：先知、預言家、巫醫、詩人等。然而，著魔附靈者、詩人是對他們最好的闡述。

在「智者」和「文化教長」之間，有兩個共同的功能：贏得競賽的勝利，體現自己讓人欽佩的學識。所以，我們可以在他們身上看到古代遊戲的兩個特質：強烈的競爭意識和誇張的作風。我們要注意的是，在這個學派出現之前，「智者」這個詞曾被埃斯庫羅斯來描述聰慧的老英雄，如帕拉梅德斯（Palamedes）和普羅米修斯，我們明白，他們也曾將自己創造的技藝驕傲的陳列在眾人面前。這些誇耀行為和後期的智者是一樣的，就像技藝精湛的希庇阿斯・波利希斯特（Hippias Polyhistor），他吹噓說，自身穿的東西都是自己做的，他總是以全才的身份出現在奧林匹亞山上。說自己可以隨時對一個主題進行辯論，並回答提問，且沒有人是他的對手。再比如亞那瓦爾克亞，他是《布拉哈曼納斯》（Brahmanas）中的猜謎高手，曾讓對手失去了生命。

我們把智者的表演叫做「epideixis」，即一種現場演示。在前文中暗示過大家，他有一些經常演出的收費節目。普羅蒂庫斯（Prodicus）的演講一般是固定的價格：五十個銀幣。而高爾吉亞（Gorgias）就用這樣的方式掙了很多錢，並且他把一尊自己的金塑像送給了特爾斐神廟。普羅泰哥拉（Protagoras）是一個巡迴演講的智者，他的成功是令人咋舌的。對一個城鎮來說，如果有個著名的智者光臨，那簡直就像節日。人們將智者看做神

靈，像接待英雄一樣招待他，智者演講的場面也會非常熱烈。對於每一個悉心佈置的圈套，觀眾都會爆發出掌聲和笑聲。這是純粹意義的遊戲，你必須竭盡全力讓對手落入圈套，並讓他無法反抗。對於智者來說，能夠給對方製造思想悖論，則是一種至高無上的榮譽。

普羅泰哥拉已經抓住了問題的本質，因為他將辯論變為「一門古老的藝術」。這確實是一種流傳至今的智力遊戲，遊走於遊樂和嚴肅儀式之間，時不時散發出智慧的火光，又有時變成純粹的遊戲。沃納・耶格在談論「將畢達哥拉斯描述為巫醫的現代時尚」時，隱藏不住輕蔑的語氣，他認為這是一個不值得辯駁的觀點。可是他忘記了，怎樣稱呼巫師都可以，因為無論從歷史上還是本質上說，他都是哲學家或「智者」的前輩，而且智者和哲學家一般都存留著這些最初的血緣關係。

智者完全認識到自己的技藝具有遊戲性質。高爾吉亞就曾將自己的《海倫頌》（*Encomium on Helen*）稱為一種遊戲，並將自己的論文《論自然》（*On Nature*）稱為遊戲式修辭學研究。加貝爾（Capelle）反對這樣的解釋，我們應該知道，遊戲與嚴肅性在論辯的整個範圍內無法被完全區開。同理，那些認為柏拉圖對智者的描述是在模仿漫畫氛圍的觀點也不是全部正確。其實智者身上的所有輕浮和不實在都是一種面具，這是和遠古起源有關係的。因為其根源是遊牧部落，所以在天性中帶有寄生和流浪的成分。

可是，這些智者為希臘的文化形成和教育觀念奠定了基礎。希臘的學術和科學並不像我們認為的那樣以教育為起源。換句話說，他們的目的不

是為了讓公民養成職業素養或實現教育體制。對希臘人來說，閒暇才是大腦卓越能力的基礎。希臘的自由人可以支配所有城邦事物、宗教儀式或戰爭以外的時間，他們的閒暇時間是充足的。「學校」（school）一詞後面隱含著非常奇怪的歷史。最初這個詞是閒暇的意思；而如今，文明社會逐漸限制了個人的閒暇時間，年輕人被強制性的要求鍛鍊生活技能，這個詞如今體現的是其反義詞，即「系統的工作和訓練」的意義。

作為一種用於辯論的表達形式，就像智者所表現的一樣，是與原始遊戲密不可分的。論辯作為一種防衛技藝，原本是離不開謎語的。希臘的這個詞本意類似於盾牌，即放在身體前用作防衛的東西，或者當你把他扔到其他人面前，他會低頭去撿的東西，就像古代武士將手套扔在地上，表示宣戰。這兩個抽象的詞語含義都與辯論術所契合。

前文中所提到的智趣遊戲，就是想方設法讓人步入圈套，這在希臘人日常聊天中是非常關鍵的。人們用專業術語將這些計謀歸類。比如apophaskon、antistrephon、pseudome、nossomtes、outis等。克利克斯（Clearchus）是亞里斯多德的學生，他寫過《謎語理論》一書，其中對「griphos」這種類型進行了辯論：這是一種玩笑式的，有獎有罰的「問題遊戲」。例如：「什麼東西無影無蹤卻有無所不在？」——「時間。」「我是人，我不是你，所以你不是人。」人們認為第歐根尼（Diogenes）說過這樣的話：「如果你想得到真理，你最好從我開始。」對於辯論術，克律西波斯（Chrysippus）專門寫過一篇論文。這類遊戲的共同前提是，你與對手都接受遊戲規則，而不是像第歐根尼那樣提出反對意見，否則一

切就無法進行。我們可以在這些問題的基礎上進行修飾，比如，韻律和節奏。

智者的辯論術和關於宇宙起源的宗教謎語及日常謎語是相互關聯的。在柏拉圖對話的《尤泰第姆斯》中，尤泰第姆斯（Euthydemus）玩的是一種純粹的兒童式邏輯、語法遊戲，有時候又像針對宇宙和思想進行深刻的討論。在早期希臘哲學家看來，比如埃里亞認為根本不存在「運動」、「多元」及「宇宙起源」，其方式是以遊戲形式進行的。就算是那些已經得出否定結論的命題，也是需要一個或幾個問答來進行。「當你在搖晃一袋玉米時，哪一個發出了聲音？是不是第一個？」「不是。」「是第二個？」「不是。」「第三個呢？第四個嗎？」「不是。」「所以……。」

希臘知道他們的很多活動都是遊戲。在《尤泰第姆斯》中，柏拉圖透過蘇格拉底之口貶低辯論術，說那簡直是一種愚蠢的東西，他說：「你無法經由辯論認清事情的本質，你收穫到的知識模糊不清的概念，並用它去騙人，這與暗中使壞或在他人坐下時突然把凳子拿開，效果是一樣的。」他接著說：「當你告訴一個小孩，你可以讓他成為智者的時候，你是在說真的，還是哄她？」

智者中的泰阿泰德（Theaetetus）不得不向來自埃里亞的「陌生人」承認，智者是一群「總想遊戲」的人。當巴門尼德（Parmenides）被問到關於「存在」的問題時，他認為這只是個遊戲。之後，在討論宇宙本源時，他也將所有的精力都放在問答遊戲上。「太一是一個無限的整體，它無影無蹤，無所不在卻無法被感知。」這個線索時斷時續。討論就像梭子一樣

來來回回，並不是只有智者才會玩遊戲，蘇格拉底和柏拉圖也是一樣。

根據亞里斯多德的說法，第一個用問答的形式來描寫對話的是埃里亞的芝諾（Zeno）。這讓麥加拉學派（Megarian School）的哲學家和智者感到非常驚奇。它若想抓住對手，就需要一些技巧。人們覺得索弗倫（Sophron）影響到了柏拉圖，尤其體現在他所寫的對話中。索弗倫以寫鬧劇為生。亞里斯多德認為對話為「mimos」的一種，而mimos就是一種喜劇。所以，當我們發現，柏拉圖和亞里斯多德也屬於江湖騙子時，不要驚訝。假如這還不足以證明哲學中隱藏著遊戲因素的話，我們可以到柏拉圖的對話中尋找證據。對話是一種虛構的藝術形式，因為現實中的對話，無論在希臘人口中有多麼冠冕堂皇，都不可能與文學一樣虛幻。柏拉圖那裡的對話是膚淺而輕鬆的事。

在《巴門尼德》這本中篇小說中，就有一些確鑿的證據。另外，《克拉底魯》（Cratylus）的開頭也是一個有力的說明。這兩篇對話或與二者相關聯的對話所使用的都是非正式語調，這就是最好的證明。這與「mimos」是非常相似的。在《智者》篇中，詼諧的方式觸及到了古老的哲學原則。而《普羅泰哥拉》中的埃比麥修斯（Epimetheus）和普羅米修斯在講述的時候，使用的也是詼諧幽默的方式。

蘇格拉底在《克拉底魯》中對這些「神外表和名字」做了以下闡述：「它有個詼諧而嚴肅的名稱，因為神也喜歡開玩笑。」柏拉圖讓蘇格拉底在同一對話中說到：「假如說，我聽過普羅蒂庫斯價值五十銀幣的演講我會立即讓你們知道的，可惜的是，我所聽過的他的演講是價值一銀

幣的。」他在嘲弄荒唐的詞源學時語氣同樣帶著嘲諷的意味：「現在來一起看我在解決棘手問題時用到的技巧。」然後，他說到：「我一直以來都驚訝於自己的智慧，卻對此抱有懷疑態度。」可是，當《普羅泰哥拉》結束時，他卻將之前的觀念推翻，如果你無法區分《美尼澤諾斯》（Menexenos）中葬禮上的演講是否在開玩笑，你還能說出什麼呢？

柏拉圖的對話者也把哲學思考看作是一種娛樂性的玩笑。年輕人是好鬥的，而老年人則應被我們尊重。在《高爾吉亞》中。加利克勒（Callicles）提到：「這就是它的所有，假如你不理會哲學，而是思考其他的問題，你就會明白。假如你在年輕的時候可以享受到它帶來的樂趣，哲學將會是非常美麗的。但如果你過分沉迷的話，就會有害。

所以，因為那些為自然科學或哲學打下根基的思想家們癡迷於自己的付出，就像年輕人一樣。柏拉圖為了指出他們的錯誤，以及他們在邏輯上的缺點，並不以借用他們隨意的對話內容為恥。因為他雖然喜歡哲學，卻只是將其看做一種高貴的遊戲。他和亞里斯多德對於這些智者的荒唐觀及模糊的界定表示了明確的反駁，這說明他們對於哲學的思索依舊和古老的遊戲聯繫在一起。值得一提的是：哲學是否也能做到呢？

我們可以簡略的描述一下哲學發展的幾個不同時期：它誕生於古代宗教的「謎語遊戲」。在這些遊戲中，彌漫著節日慶典和儀式的娛樂氣氛。在宗教方面，它導致《奧義書》這一通靈學和哲學，就像前蘇格拉底學派直覺的火花一閃而過；在遊戲方面，它引發了智者學派的成立。二者並無直接的聯繫。柏拉圖把對哲學的探求提升到別人無法到達的層次，可是，

他所採用的形式是空靈的，即哲學元素。與此同時，他還構建了一個低級層次：充滿學術投機和江湖騙術的學派。希臘文化中充滿競爭因素，導致修辭學以犧牲哲學的方式來進行自我擴充。高爾吉亞可以被看做這種現象的集中代表；他脫離了哲學領域，卻將精力都花費在不切實際，空虛的語句上。哲學思維在亞里斯多德之後漸漸走向狹隘的極端。這樣的事同樣發生在中世紀晚期。將主要精力放在研究事物內核的偉大時代已經一去不復返，隨之而來的是虛華詞語和公式橫行霸道的腐敗時代。

我們很難將這其中的遊戲成分明確的區分出來。孩子氣的雙關語和膚淺的智力遊戲與深刻的哲理之間所存在的距離是很容易跨越的。高爾吉亞在其著名的《論「無」》（*On Not-being*）一文中提供了偏激的虛無主義，而對嚴肅的認識則加以排斥。然而這樣的論文與《海倫頌》是一樣的，都含有遊戲因素：高爾吉亞本人也在公眾面前承認後者是一種遊戲，我們可以從下面的事實中看出在遊戲和知識之間是缺乏基本區分的：麥加拉學派嚴肅的演講及斯多噶學派在建立在某種語法圈套之上的論辯時也用到類似的方式。

演說和辯論對於其他活動具有控制作用，並且這曾多次成為競賽的主題。公開演說其實是一種自我吹噓和展示。當一位希臘作家想發表自己對某一問題的結論時，常常用文學的方式來開展。比如，修昔底德透過阿基達摩（Archidamos）和斯泰那拉達（Stheneladas），用發表演說的方式來體現戰爭和和平；在處理力量和權力問題的時候用具有高度智者色彩的問答遊戲來進行。阿里斯托芬在《雲》中在描述正義和非正義的邏各斯之間

決鬥的過程中公開辯論進行了效仿。

「反邏輯」（antilogia）或說「雙重推理」，是非常受智者推崇的。除了讓遊戲顯得自由外，這樣的形式還暗示我們所做的結論都是模糊不清的：你可以用不同的方式來表現同一事物。其實，能夠讓這種語言取勝的藝術保持純潔性和合法性都是其遊戲的特性。當智者用所掌握的藝術去達到違背道德的目標時，如加利克勒之所以變成智慧的顛覆者或叛逆者，正是因為他極大的展示了他的「大師道德」。然而追求真理並不是智者或辯論家開展活動的目的，其主要還是想滿足個人私欲，證明自己；因為競爭本能和對榮譽的渴望激發了其最原始的本能。一些尼采的傳記作家批評尼采，認為他重新拾起了哲學中古老競賽的態度。如果真是這樣的話，他反而將哲學引向了古老的發端處。

對於遊戲規則在推理過程中起到多大程度的限制作用，我們暫且不談。是不是按照一般的邏輯，尤其是三段論中，大家都不約而同的將術語和概念的合法性看作是理所當然，就像棋子的名稱？這個難題還是留給別人去解決吧！我們的目標在於確定希臘時期之後的辯論和演說中存在遊戲性質，並且這是毋庸置疑的。不需要闡述的太過詳盡，因為這一問題出現的形式總是特定的，並且他是以希臘的模式出現在西方的。

昆體良（Quintilian）把希臘的修辭和演說藝術帶入到拉丁生活和文學裡。在羅馬帝國時代，辯論術和演說的流行之風已經超越了日常文法學校的界限。狄奧・克里索斯托姆（Dio Chrysostom）本身就是一位辯論家，當他談到那些街頭哲學家時說到：就像智者中混雜著一批低俗的人，他們

經由詭計、閒聊、雜亂的格言等吸引奴隸和裁縫的注意。因此，維斯帕先（Vespasian）下達一個法令，將所有的哲學家都逐出羅馬，然而公眾卻依舊沉迷於那些遺留下來的，依舊在流行的辯論術。一些嚴肅的思想一而再再而三的出現，像是對辯論術所發出的警告：聖奧古斯丁就曾勸誡過那些一心想掀起有害的辯論和幼稚高潮的人。像「你之所以有角，是因為你沒有失去任何角，所以你依舊有角。」這樣的詭辯一直存在於文壇中，並且一直保持著魅力。很明顯，大多數學者對於這些愚蠢觀點的邏輯漏洞，並不反感。

我們可以透過西元589年在托萊多（Toledo）所發生的西哥德人（Visigoths）從亞流教派（Arianism）轉向天主教的事件中，看到中世紀黑暗年代中的哲學狀況。這一轉變所用的形式是高級教主之間在神學方面的競爭。與此同時，還有一件可以反映競賽色彩的哲學事件是由編年史家里歇爾（Richer）提供的。起先，他描述了格爾貝爾（Gerbert）生活中發生的一件小事，之後又描述了教皇西爾維斯特二世（Sylvester II）被派往馬格德堡大教堂的評注家奧特里克（Ortric）嫉妒格爾貝爾學識淵博的名聲，因此暗中派了一個人到蘭斯偷聽他的演講，希望能從他的演講中找到錯誤，然後報告給奧托二世（Otto II）皇帝。然而這個人並沒有真正理解格爾貝爾的觀點，將他所理解的東西添油加醋的報告給皇帝。西元980年，皇帝拉文納（Ravenna）召集了所有學識廣博的人，讓他們進行辯論，直到深夜才停下來。活動的高潮是奧特里克指責他的對手將數學看作是物理學的一部分，可事實上，格爾貝爾的觀點中，二者是平等的、並存的。

努力挖掘某一個遊戲因素是否是組成卡洛林文藝復興的重要因素，這一點非常有價值。在這一活動中，聚集了對詩歌、辯論和博學的讚揚，最明顯的一點是為自己冠上了聖經人物或古人物的名字：安吉貝爾（Angilbert）作為荷馬，阿爾奎因（Alcuin）作為賀拉斯，查理曼大帝自己作為大衛。似乎宮廷文化特別喜歡用遊戲的形式來開展，並且僅僅局限在小範圍內。皇帝的出現原本就代表著各種約束力的出現。比如查理大帝的「宮廷學園」的目標是再建立一個「雅典娜學校」，然而高雅的娛樂可以激發出虔誠的情緒。大家比賽作詩，互相取笑。他們力圖達到優雅和古典的程度，卻不可避免的帶有古老遊戲的特質。

查理曼的兒子皮晶（Pippin）問道：「什麼是寫作？」「知識儲藏室。」阿爾奎因回答。「是誰產生了語詞？」「是舌頭。」「什麼是舌頭？」「空氣的鞭子。」「什麼是空氣？」「生命的儲存器。」「什麼是生命？」「悲傷著悲傷，快樂者歡愉，期待著死亡的到來。」「人是什麼？」「一個過客，是死亡的奴隸。」在這其中，彌漫著熟悉的味道：古老的謎語競賽和問答遊戲，或者是kenning的引申。簡單說來，我們再一次見證了前伊斯蘭阿拉伯人、古印度人、斯堪的納維亞人知識中的遊戲特徵。

在西元11世紀末，一種對於生命和存在的瘋狂欲望，開始支配著年輕的西方國家。不久之後，這些欲望的體制化形式就出現在各個大學，這是中世紀一項最偉大的獨立文明創造。對其最完善的描述可以從經院文學中體現出來。在最開始，一種狂熱的情緒控制了這項偉大的精神運動，而

這一精神是與文化復興緊密相關的。如此一來，競賽因素就成為重要的核心內容。它們會用各種形式展示自己。通過語詞或推理來將對手擊潰，然後成為一項核心運動。而那些以明顯和古老形式出現的競賽，要麼發生在互相攻擊的騎士群體中，要麼是在鄉間遊蕩，要麼是發生在單個武士之間（這也就是被後世文學作品所熱衷的遊俠騎士的前身）。它們與職業空談家緊密的結合在一起，就像彼特‧達米阿尼（Peter Damiani）所悲歎的，它們到處晃蕩，對其技藝誇誇其談，並且獲得了希臘智者一樣的成就。

12世紀，有一些流派使用誹謗他人的手段獲得了統治權。教會作家在我們面前描繪出了一幅屬於那一時代的學校圖景：吵鬧、喧囂，到處都是謊言和爭辯。老師和學生都在用語言的圈套和音節的羅網、用各種陰謀來互相算計。有名氣的教師備受人們的尊敬，人們將做過它們的學生或見過它們的面看做炫耀的資本。通常，它們像希臘的智者一樣，可以掙很多錢。羅塞利納斯（Roscelinus）對阿伯拉爾（Abelard）充滿嫉恨，他用苛刻的語句描寫後者每晚都在一遍一遍的數通過散播謠言而掙來的錢，並且每天沉浸在迷亂的生活中。

阿伯拉爾坦言自己之所以從事研究和學習，都是為了錢，確實也能夠掙到錢。他是因為和人打賭，受到同事的激將，才放棄教物理學（即哲學）而開始教聖經詮釋。比起戰爭的武器，他更喜歡辯論。他去過流行辯論的地方，並且將學校的地址定在聖傑納維也夫山上，便於攻擊巴黎的對手。同樣，我們從穆斯林神學家門之間的學術競賽中也可以看到這種戰爭、遊戲、修辭學的混合物。

在整個經院哲學和大學發展過程中，競爭是一個最受矚目的特徵。將「普遍性」（university）作為哲學研究的中心課題這種風氣導致了當時的「實在論者」和「唯名論者」之間的分裂，競賽是其最重要的特點，並且促使在論題上出現了偏頗的基本要求。因此文化發展和「流派」之間產生了不可分割的關係。或許事關人心，爭論的問題並不是最重要的，而爭執卻一直沒有消除。

在整體上看，中世紀大學是具備遊戲和競賽性質的。至今為止，理論刊物上持續不斷的關於學術的討論依舊是大學生活的主要特點性禮儀，很多現象依舊屬於遊戲和競賽，比如學者之間不同「黨派」（nationes）的形成、分裂與分庭抗禮。伊拉斯漠為對手諾爾・貝蒂爾（Noel Bedier）寫了一封信，並抱怨一些學者只懂得研究前人的資料，那是一種狹隘的行為，當時，他已經意識到那些人對於和自己流派不同的觀點是完全抗拒的。他說：「我覺得在進行學術討論的時候，完全沒有必要通過擲骰子或玩牌的方式進行，一切違反規則的行為都會對遊戲造成破壞。在學術討論中，提出新觀點並不是不道德的，也沒有任何危險。」

包括哲學在內的一切知識都是充滿矛盾的。而矛盾和戰爭是共存的。一切充滿偉大創新思想的時代都充斥著激烈的戰爭。例如，17世紀，那時候，權威和信仰漸漸缺失，而自然科學則取得了巨大成功；各種學派紛紛湧現，萬物都換上新的面貌。你不可避免的會在「現代派」（les modernes）和「古代派」（les anciens）之間作出選擇，稱讚或排斥笛卡兒、牛頓。

在18世紀，各個國家的學者紛紛進行學術貿易，因為技術有限，各種印刷材料不會隨處可見。這樣的特徵是令人痛苦的。這個時代適合瑣碎和嚴肅的筆仗。這些與矜持的理性主義、假髮、音樂、迷人的沙龍構成遊戲的基本特性。如今，對此我們依舊稱羨不已。

第10章

藝術的遊戲形式

我們已經發覺，詩歌有一個天生的特質，即遊戲。詩歌的各種形式特徵都與遊戲產生緊密聯繫，因此人類無法將二者嚴格的區分開來。遊戲與音樂同樣也存在這樣的關聯，甚至更加密切。此外，我們還發覺，在阿拉伯、斯拉夫語族、日爾曼等語言系統中，演奏樂器被稱為「玩」（playing）樂器。我們無法用「巧合」與「借用」來解釋東、西方語言間語義上的融會貫通，所以我們只有提出這樣的假設：在遊戲與音樂的相似性中，隱含一種與生俱來的心理因素。

無論在我們看來，這種相似多麼合情合理，我們卻也難以將其根源看清。我們也只能做到列舉二者的共同要素罷了。我們知道，遊戲並不存在於現實生活範圍內的，它與切實需求、真理和職責是沒有關聯的。這同樣適用於音樂。與此同時，音樂的表現形式受到邏輯之外的因素影響，甚至在有形的概念之外。我們只能根據自己所描述的「和諧」或「節奏」等概念去理解音樂的含義。這對詩歌或遊戲同樣適用。確實，和諧與節奏是音樂、詩歌和遊戲三者在平等狀況下的共同點。可是，因為詩歌的語言有其特點，因此詩歌中的部分是脫離了遊戲範疇而劃入思想或判斷領域的，而音樂卻一直都存在於遊戲領域，不曾離開。因為詩歌中具有與音樂緊密相連的「吟唱」的方式，所以它會在生活中帶有明顯的宗教性和社會性功能。一切真正的儀式都是含有舞、歌、遊戲這三個因素的。現代人對宗教儀式或遊戲的感覺已經漸漸缺失。我們的文化太過精細，已經開始衰落。然而沒有什麼其他的東西可以像音樂那樣讓我們獲得這些感覺。我們一邊感受音樂，一邊感受儀式。當我們聆聽音樂時，無論是否體現了宗教思

想，都會沉浸在美的感知和對神的領悟中，進而使遊戲和嚴肅之間不再有區別。

　　站在研究問題的角度，沒有什麼比理解工作、遊戲、審美三者之間的關係及古希臘為什麼與今天不同更重要的了。「Playing」這個詞的含義比「音樂」（music）要廣。它在包含用樂器伴奏的歌舞之外，還包含阿波羅和「繆斯」（Muses）所掌管的所有藝術和技藝。為了和繆斯管轄的其他藝術，如機械藝術、造型藝術區別開來，這種形式被囊括在「音樂」（musical）藝術的總稱之內。在希臘人眼中，所有帶有「音樂性」的東西都是與節日或儀式緊密相關的。在這裡，柏拉圖對話《法律》篇中對舞蹈、儀式、音樂和遊戲間關係的描述，是最清晰的。神因為憐憫不幸的人而賦予人類各種節日，以便讓人類暫時獲得解脫，並且在節日中，讓阿波羅、繆斯和狄奧尼索斯陪伴人類，希望以這樣的形式確定秩序。然後，柏拉圖對遊戲進行詳細了解釋（這經常被人所引用）：那些稚氣未脫的生物為什麼無法安靜下來，他們為什麼會不停的跳啊、蹦啊，來回的運動，發出歡愉的叫聲。而其他生物卻無法理解這一現象（和諧和節奏）與混亂到底有什麼不同。可是在節日中，人類卻擁有感受和諧和節奏的能力，並伴有相應的快感。在此，對於遊戲和音樂間的聯繫，柏拉圖已經非常確定。然而，雖然這是個重要的觀點，但在希臘人那裡，前文中所講的語義的獨特性質卻阻礙了這一觀點的理解：在希臘的「遊戲」中，無法擺脫孩子氣的無意義、幼稚和遊戲。由於它帶有太多的孩子氣而幾乎不能用來指更高級的遊戲形式。更高級的遊戲形式不得不用其他術語來表達，比如「αγων」（競賽），「αχολαζειν」（消閒）

與「διαγωγη」〔字面意義是「逝去」（passing），只能近似地用「消遣」（passtime）來譯〕，這些詞已經不含有遊戲的意義。因此希臘語就無法像拉丁語ludus和年輕的歐洲語言一樣，能用普通的語言將這些都串聯起來。於是，柏拉圖和亞里斯多德不得不花費大量精力去證明在什麼情況下音樂的概念要比遊戲概念廣泛。上文中提到的柏拉圖的段落，接下來提到：

對於那些不能體現真理的無用之物，如果沒有害處，就可以根據其自身魅力或引發的快樂去判斷。這種本身沒有好壞的快樂形式就是遊戲。

可是，我們應該注意，柏拉圖總在強調音樂表演（現代意義上的）。他認為我們應該從音樂中找到比快樂更高一層的東西。不過，讓我們把目光轉向亞里斯多德：我們很難確定音樂的性質，以及我們從音樂知識中獲得了什麼益處，或許，我們之所以像喜歡飲食或睡眠一樣沉迷於音樂，只是為了好玩（我們也可以說成是「消遣」或「娛樂」）和消遣。飲食和睡眠都是既不嚴肅也不重要的，卻能帶給人快樂，讓人忘記煩惱。很多人也是在這個層面上提到音樂的。我們可以以飲食、睡眠、音樂為基礎，再將舞蹈融進去。或者說，就像體操一樣，音樂既可以培養良好社會風氣，又能強身健體，讓我們可以用正確的手段去感知事物，形成美好品德。或者（在亞里斯多德看來，這是音樂的第三個功能），難道這不會有益於提高人類的理解力及放鬆身心嗎？

passing具有很深的含義。從字面上理解，它有「花費」和「流逝」的意思，但是如果把它翻譯成「消遣」（passtime）則只有像亞里斯多德那樣去理解休息和工作的含義的人才可以接受。他說：「現如今，有很多人

透過音樂獲取快樂，而古人卻將其作為教育的方式，因為自然要求我們既要休息好，又要好好工作。」在亞里斯多德看來，閒暇與休息是宇宙的根本守則。它要重於工作，工作也是以休息為目的的。這聽起來不免有些奇怪，除非我們明白：自由人在希臘是沒有必要為了生存而工作的，所以他們有充足的時間去追求美好的生活。對他們而言，怎樣度過閒暇時光是最關鍵的。

這些自由的時間不可能完全沉浸在遊戲中，在亞里斯多德看來，這些形式只是孩子們的遊戲，其實並不重要。我們可以在工作之餘用遊戲作為調劑，因為遊戲可以讓人放鬆。可是，閒暇卻涵蓋了所有的快樂。這種快樂，用亞里斯多德的話來說，就是一種「目的因」（telos），是對人類所缺少的高雅的東西的最終追求。可是，並不是所有人都可以用這樣的方式獲得快樂。因為只有具有高貴願望的人才可以感受到這樣的快樂。所以為了達到「心智的消遣」（「diagége」──前述希臘文轉寫形式），我們一定要不斷提高自己、不斷學習，是為了自身，而不是為了工作。因此，前輩們將音樂稱為「paideia」，即文化、教育；一種不實用、不必要只是用來消磨時間的東西，如寫作或閱讀。

我們發現，這樣的解釋不同於嚴肅和遊戲之間的區分及其評價標準。亞里斯多德認為，它是一種盡善盡美的最高目標，這對於一個具有缺陷的東西是不現實的。對音樂的感知是與「存在」的終極目的相近的，因為體驗音樂是為了自身，而不是為了在將來獲取什麼好處。

這就將音樂夾在「為藝術而藝術」及遊戲二者的中間。可是，對於亞里斯多德的這個觀點是否已經影響到希臘人對音樂意義的看法，我們並

不確定。有一個更加簡單、更通俗的觀點向他的觀點發起了挑戰。這種觀點認為：無論是在心理上、道德上還是技術上，音樂的作用都是無法忽視的，它屬於模仿（mimesis）藝術的範疇，是為了達到引起肯定或否定道德感的目的，其中隱藏了教育和道德價值。因為對「模仿」的體驗可以讓人產生模仿的感受。有些旋律會讓人體會到勇敢、沉思、莊嚴的意味，如奧林匹克的旋律讓人振奮。雖然味覺和觸覺是與倫理效果無關的，它與視覺之間的關係也顯得太過微弱，可是某種「倫理品德」（ethos）卻可以透過旋律來進行表達。我們可以經由特殊的「模式」來表達倫理意義。弗吉里安（Phrygian）模式沉靜，呂底亞（Lydian）模式哀傷。就像長笛讓人興奮，每種樂器都會有其倫理功能一樣。柏拉圖認為，「模仿」是用來描述藝術家心靈狀態的一個術語。藝術家們無法區分自己模仿的東西究竟是好是壞。在他看來，「模仿」不是嚴肅的工作，而是遊戲。他說，這也同樣適用於悲劇詩人，他們都是「mimetikoi」，即模仿者。在此，我們無法對創造性工作的內涵做全面而深刻的探討。我們認為，關鍵的問題是柏拉圖將遊戲和創造性等同起來。

如果要討論希臘音樂觀念，似乎就偏離了主題。然而這卻可以清晰的表明在試圖界定音樂本質的過程中，人類思想總是劃入遊戲領域。雖然對於遊戲是音樂活動的本質這一事實，我們不能從中找到明確的敘述，但這是眾人皆知的事情。在文化發展初期，人們將音樂的特質進行了大概的區分。人們在描述音樂所引發的快樂心情時，常用到的詞語都屬於宗教和天國的範疇。除了其宗教功能被凸顯外，音樂還被稱讚為一種愉快的經歷、一種讓人放鬆的休閒、一件讓人欣喜的作品。直到很久之後，音樂才被公

眾認為是個人化的事物，可以引發我們最深刻的感情，同時也是上帝對我們的恩賜。在很長時間內，我們都從社會性、玩笑式的方式來定義音樂。雖然我們會敬佩表演者的技能，可是音樂家卻不受他人重視，他們的表演被看作是體力勞動。

亞里斯多德把他們叫做下等人，直到現在，他們依舊像雜耍藝人、默劇演員或俳優一樣，屬於無業遊民的行列。在17世紀，宮廷樂師就是宮廷的私有物，而音樂師則被王子當做馬夫一樣養著。在路易十四時期，國王的「二十四位小提琴手」（vingt-quatrevio-lons）也擔任舞臺演員的角色。波康（Boca）不僅是音樂家，還是舞蹈家。大家都知道，就像是奧地利作曲家海頓仍然穿著僕人的衣服，等待王子的命令一樣。一方面，貴族階層可能擁有很好的鑑賞品味，但同時他們卻不尊重藝術和藝術家。直到近期，人們才會在參加音樂會時帶著對指揮家的瘋狂癡迷。從18世紀音樂家表演記錄上，可以看到觀眾們都在聊天。就算在30年前的法國，依然有在聽音樂會時對指揮家指指點點的現象。人們依然把音樂看作是一種「消遣」（divertissement），人們喜歡的是精湛的演奏技巧。人們並不認為作曲家的作品是神聖的。因為表演者濫用自由裝飾樂段（cadenza）的技巧，因此大家開始對其進行限制。例如，腓特列大帝（Frederick the Great）曾限制音樂家對作品的修飾程度，杜絕改變原作性質。

音樂活動中的競爭是與生俱來的，自瑪律斯亞斯（Marsyas）與阿波羅的爭端以來一直如此，很少有什麼活動能超越它。瓦格納在其《名歌手》中將這種音、聲之爭永恆化了。在這之後，我們可以舉的例子是韓德爾（Handel）和史卡拉第（Scarlatti）之爭。是卡蒂諾・奧托波尼（Cardinal

Ottoboni）讓這樣的競爭進入到白熾化程度。1717年，波蘭國王奧古斯特二世和薩克森想挑起巴赫和馬仙（Marchand）之間的競爭，結果後者沒有到場。1726年，因為義大利歌唱家福斯蒂娜（Faustina）和庫佐尼（Cuzzoni）的比賽，整個倫敦沸騰了；最終，以打架鬥毆結束。對音樂發展來說，集團和流派是兩個重要因素。這種音樂小團體到處都是，巴黎的「宮廷小丑」對歌劇，格魯克（Gluck）對皮契尼（Piccini），博農奇尼（Bononcini）對韓德爾。而像瓦格納派和勃拉姆斯派之間的鬥爭，則發展成宿怨。

　　浪漫主義在很多方面都激發了我們的審美意識，它是將音樂作為生活中最深刻的價值這一思路的主要動力。當然，這樣的稱讚中自然也包含著音樂更加古老的功能。其中，競賽的比例依舊很大。筆者曾經在報紙上看到一篇報導，記錄了1937年在巴黎舉辦的首次國際大賽。下議員亨利・德・儒弗爾（Henry de Jouvenel）設立了相應的獎金，並將獎金給予福萊（Fauré）第六鋼琴小夜曲的最佳演奏者。

　　如果我們可以發現音樂在各個方便都與遊戲產生著密切的聯繫，那麼這樣的觀點對於舞蹈也同樣適用。無論是最初的希臘儀式舞，原始人的祀神舞或巫舞，還是大衛王在「約櫃」（Ark of the Covenant）前之舞，抑或是節日中的舞蹈環節，這對於任何民族來說，無論在何時，都是一種純粹意義上的遊戲，也是遊戲最完整的表現形式。的確，並不是每一種舞蹈都可以將遊戲的這種特徵表現的淋漓盡致。集體舞或獨舞最容易顯示出遊戲的主要特徵。其實，舞蹈在獨舞中作為一種體現節奏的表演形式，例如，小步舞和瓜德利爾舞（quadrille）。後來，雙人舞漸漸取代了集體舞或圓

舞，各種舞步都被看作是文化墮落的體現，無論是華爾滋、波爾卡，還是滑步或現代舞的特技。讓我們回顧一下舞蹈的歷史，在芭蕾舞這種舞蹈形式復興的地方，依舊存在著一些特徵，即舞蹈所具有的美與亮的標準，我們有足夠的理由得出這樣的結論。然而可以確定的是，遊戲的特徵對於其他舞而言，在現代被逐漸弱化了。

舞蹈和遊戲之間是存在密切關聯的，這一點不必累述。舞蹈中並不一定含有遊戲的成分，舞蹈本身就是遊戲的重要組成部分：二者是統一的、互相交融的關係。舞蹈可以被稱作是一種完善的、特別的遊戲形式。

現在讓我們將目光從詩歌、舞蹈和音樂轉向造型藝術，我們就會發覺，它與遊戲的關聯並不是那麼緊密的。希臘人對於這兩類審美感受和審美創造的不同之處，描述得非常精準，一類屬於造型藝術，一類屬於繆斯。二者有一個相同點，那就是必須受到神的控制；造型藝術要受到雅典娜或赫菲斯圖斯（Hephaestus）的影響。它並不像詩人一樣容易讓人產生欽佩的感覺。但這並不代表一個藝術家是否可以得到榮譽是取決於他是否受到繆斯的控制，因為就像我們所見到的一樣，音樂家整體的社會地位並不高。

從總體來說，繆斯的藝術（musicalans）與造型藝術的不同之處是與另外一對概念相似的：標準在於是否有遊戲特質。我們不難找到核心原因。為了獲得審美上的活力，我們需要把「音樂」藝術或繆斯的藝術表演出來。對於一件藝術品而言，就算是事先經過了排練或安排，但最重要的還是得在公眾面前表現出來，簡單說來，就是經過再創造和再現的方式來獲得其生命力。「音樂」藝術是一種行為，只有透過表演而被再現，我們

才能準確的體會到它的內涵。這顯然無法與以下的事實相符：歷史、天文學、史詩領域都有屬於自己的繆斯。但需要注意的是，將這樣一種與眾不同的功能歸功於一位繆斯，那是後來發生的事了，至少從來源上講，史詩和歷史都是職業的一部分。所以，並不是用於研究或閱讀，而是將音樂和朗誦結合起來。它們需要像音樂或舞蹈一樣被付諸或被改造。並且就算對於詩歌的欣賞轉化為朗讀，也並沒有失去其本質特徵。繆斯所掌管的藝術是以行動為靈魂的，我們將之稱為遊戲，也是合情合理的。

造型藝術則不屬於這樣的情況。它需要以物質作為基礎，因為物質受到內在形式的限制，所以它不能稱為絕對自由的遊戲，並且無法像詩歌和音樂一樣達到超凡的層次。舞蹈即是造型又是音樂，所以同樣會受到限制：因為它含有運動和節奏的要素，所以是音樂的；而它又和物質相關聯，其表演形式受到人類身體的局限性，所以又是造型的。它的美是來自身體的。舞蹈這種瞬間性的運動是對形體的一種塑造。與音樂相同的是，它們的生命力都不斷獲得重複。

「音樂」藝術和造型藝術之間，除了以上不同之處外，在操作方式和情感效果上也存在不同。畫家、製陶工、建築師、裝飾工、雕塑家、繪圖員、等都會經由努力奮鬥來將審美與物質連結起來。他們的作品都是以物質形式存留的，並能一直保留下去。其操作或情感效果與音樂有所不同，不需要像音樂一樣依靠藝術家來演奏，他們的作品一旦固定在某一個時期內，如果有人懂得欣賞，就會有效果。因為當公眾在欣賞造型藝術的時候，並不會採取行動，所以造型藝術始終不含遊戲因素。而無論造型家多麼欣賞自己的創作，他也需要不斷完善作品，努力工作。或許，他們在想

像的時候想法是濃烈的，卻會受到造型技巧和熟練程度的制約。如果說造型藝術中不含有遊戲因素，那麼在構思或欣賞的時候也是一樣的。因為遊戲與行動是緊密聯繫在一起的。

我們需要認識到，造型藝術這種靠勤勞的手工勞動才能產生效果的行為時不利於遊戲因素形成的。並且被創作的事物的性質也會加重這一情況。其實這是因為其目標與審美衝動是沒有關聯的。製作者在工作時必須是嚴肅認真的，不能有半點遊戲的想法。他需要造出一個供人使用的建築物：一幢住宅或一座城堡。或者說他是在製造其他與實際需求相聯繫的東西：一件衣服、一幅畫、一艘船。

所以說，造型藝術的創作過程並不與遊戲產生交集，它必須經由節日、社交活動、儀式等進行展示。展覽會、雕塑的揭幕等都是近代才有的，不是創造過程中的某個環節。音樂產生於公眾歡樂的氣氛，而造型藝術卻不是。

雖然本質上存在區別，但我們依舊可以在造型藝術中找到遊戲的影子。在古代儀式中，具有宗教意義的藝術品也會發揮很大作用。與之相類似的還有服飾、裝飾精美的建築、武器、雕像等。這些具有魔力的，具有神秘氣息的東西總會被賦予某種特殊的意義。既然遊戲和儀式緊密相連，我們就可以輕易的在參與儀式的藝術品中找到遊戲因素。筆者作出如下判斷：藝術、儀式和遊戲的關係可能隱含在「αγαλμα」這一希臘語中。「Agalma」（前述希臘詞的轉寫形式）的詞根動詞意義非常複雜，其核心意義是「狂喜」，與德語的「frohlocken」相近，經常用於宗教領域。並且它還有其他意義：「歡樂」、慶祝」、「裝飾」、「展示」、「使輝

煌」等。作為名詞時，其含義是：一件貴重物品、一件裝飾品、一件展品，簡單說來，就是讓人賞心悅目的物品。「αγαλμα」本身指雕像，與其是有差別的。筆者之所以做這樣的判斷是因為某個詞語，其含義為「還願的禮物」。如果希臘人果真用這個含義愉悅的詞去指代神像的意思，並引申為宗教藝術本質的話，我們就可以非常接近帶有古代儀式氣息的宗教遊戲，而這都是猜測而已。

席勒在很久之前就提出過一個理論，是用「遊戲本能」（Spieltrieb）解釋造型藝術的起源。確實，對於人類與生俱來的，對事物的裝飾需要，我們必須承認。為了方便，我們可以將其稱作「遊戲功能」。這樣的情況對於那些參加無趣的董事會的人來說，絲毫不陌生。他們總會不知不覺的在紙上亂畫。有時會發現自己勾畫出很多新奇的圖案。對此，我們可以請心理學家來分析一下這些因為煩躁和無聊而產生的「特殊藝術」背後到底存在怎樣的驅動力。但必須承認的是，這僅僅是一種低層次的遊戲功能，就像小孩子在最初所玩的遊戲一樣，而更加高級更加深層次的遊戲還沒有成型。如果用這樣的心理去解釋藝術中裝飾性行為的起源及整個造型藝術，或許會讓我們感到驚訝。如果想讓這種信手塗鴉產生出一種固定風格，那是不現實的。另外，造型的驅動力不僅僅是做一些表象上的修飾。他的發展方向有三個：裝飾、結構、模仿。假如我們設想藝術的來源是遊戲的衝動，那麼我們在面對繪畫或建築的時候，也會堅持同樣的觀點。比如說，將阿爾塔米拉（Altsmira）壁畫歸之於亂塗亂抹，這顯得非常可笑，但如果將其劃分到遊戲本能的範圍內，則非常貼切。而在建築上運用這樣的假設則是更可笑的，因此並不是審美衝動產生作用，就像海狸和蜜蜂並

不是出於審美的衝動才建造自己的巢穴一樣。雖然本書的主題是：遊戲作為一個文化因素是至關重要的。但筆者覺得，遊戲本能不會是藝術的起源，無論它是否是與生俱來的。當然，當我們從造型藝術的歷史中選擇元素來研究的時候，自然是忍不住用遊戲去做相應的解釋。裝飾性母題迷宮般的魅力，原始人跳舞時所戴的奇怪的面具，對人形或動物形漫畫式的扭曲，圖騰柱上奇怪的、相互纏繞的物體，這些因素都表現出遊戲是藝術的一個生長點。但它僅僅起到暗示作用，是無法蔓延開來的。

可是，如果說對於造型藝術而言，遊戲的影響力並不像對音樂或繆斯藝術那麼大，而當我們將目光從藝術創作轉向社會接受藝術的方式時，一切就會改變。我們可以馬上觀察到，造型技藝作為一種競賽科目，與其他技術一樣，佔據重要的位置。我們還會發現，競賽的衝動在藝術中的作用日趨成熟。要求對手表演的是非常艱難，幾乎不能完成的藝術技巧的心理隱藏在文明的起源中。這就像我們在詩歌、知識或其他領域所看到的競技一樣。我們如今可以直率的問道：「這是建築師造型技藝或展品的終極目的嗎？或者說，詩歌是吟詠賦寫的目的嗎？哲學是競猜神聖之謎的目的嗎？還是說，造型藝術是在競賽中得到發展，而不是透過競賽這個過程呢？在作出回答之前，我們需要明白，我們無法在奪魁和創作比賽之間作明確的區分。例如，奧德修斯（Odysseus）用箭射過一長串斧頭孔的關於力量和技巧的例子，就屬於一種遊戲。這類技藝不能說是藝術，雖然他也含有技巧的成分。藝術在文明發展的後來階段，不僅僅指創造性的技術，其範圍是涵蓋一切人類技藝形式的。因此我們用「力氣活」（tour de force）或「傑作」來分別代表雙手和大腦的成果，在這些成果中，都包含

遊戲的成分。試圖超越他人的這種欲望是永遠存在的，它將手工技巧、藝術、技術和創造力糅合在一起。有一種叫做「χελενσματα」的進行與社會底層人群的比賽：主持人在希臘酒會的喝酒比賽中不斷向參與者發出玩笑式的命令，這與後期的「poenitet」相類似。罰物遊戲是與繫結、解結的遊戲屬於同一類型的。後者中必然含著宗教風俗的印記。當亞歷山大大帝砍斷戈爾迪結（Gordian knot）時，他的做法真的不太明智：在違反遊戲規則的同時，才對宗教規則投以輕蔑的目光。

我們有必要將目光轉移一下，來關注競爭對藝術到底有多大的作用。其實，在比賽中出現的任何讓人驚訝的技巧都屬於文學、神話、傳說的範疇，而不是藝術本身。從古老時代藝術家們的傳奇經歷，我們可以發現人類的心靈是喜愛怪誕或驚奇的事情的。

藉由神靈，我們得知，是古代神話中的英雄發明了如今的藝術和技藝（有時甚至是冒著生命危險），這些都是人類的瑰寶。「吠陀」將具有高超技藝的人稱作是「tvashtar」，即創造者的意思。他為因陀羅（Indra）製作了雷電（vajra），並與其他三位天國的工匠進行比拼。他在希臘神話中屬於「多面手」（Polytechnos）的角色，他的太太阿依冬（Aedon）有這樣一個傳說：「多面手」吹噓說他和他的妻子之間的關係比宙斯和赫拉還要好，因此宙斯在他們中間灑下厄里斯（Eris）這一競爭的種子。除此之外，出自同一傳統的還有：北歐神話中技藝超群的小矮人；「鐵匠維也蘭」（Wieland the Smith）及他所做造出的能切開溪流上飄著羊毛的劍；無所不能的代達羅斯，他製造出可以讓自己的雕像像人一樣行走的迷宮，當有一個人刁難他，讓他將細線繩從貝克的通道傳過去時，他靈光一閃，將

線拴在螞蟻身上，解決了這個棘手的問題。在這裡，技術上的角逐（tour de force）是與謎語相關聯的，但好的謎語一般都是大腦短暫的靈感，而前者卻一般在荒誕中迷失方向，就像上面用繩子將石頭連起來的案例。從適當的角度來分析，基督教們想要證明的奇蹟，也是沿著這個思想線路所行走的，那麼我們就不需要在聖徒傳中集中研究奇蹟與精神之間不容扭曲的聯繫了。

如果說在神話中會不停的出現關於競爭性技藝的主題，那麼神話對藝術和技術的發展起到巨大的影響作用。我們可以在歷史中找到「多面手」和他的配偶所進行的競賽的對應物。如菲迪亞斯（Phidias）、波利克里托斯（Polycletus）和其他人之間比賽誰能為阿瑪宗（Amazon）作出最美的雕像；巴拉西俄斯（Parrhasios）和其對手在薩摩斯（Samos）島上比賽誰能將埃阿斯（Ajax）與奧德修斯之間的衝突表現得最好。我們可以透過一些格言來證實這些事件的真實性。比如說，我們可以在一尊奈基（Nike）雕像的基座上看到這樣的語句：「它出自巴那依諾斯之手……他還為神廟塑造了『阿克戎得里亞』（acrotheria），並因此而獲得了比賽的大獎。」

藉由技藝來體驗人的能力，這一個古老的形式是很多與競賽有關的東西的根源。正如中世紀的大學一樣，中世紀行會中也有很多這樣的競爭。至於競爭是在多人之間還是個人之見進行沒有根本性區別。根植於異教儀式中的行會系統自然存在競爭因素。而個人會因此躋身於「名藝人」的隊伍中，這確實是個引以為豪的影響，而這一形式作為一種固定習俗，是很晚才出現的，但我們卻可以從社會競爭的早期形式中找到它的源頭。行會中，只有一部分是經濟的產物。一直到11世紀之後，藝人和商人在城市生

活復興後漸漸聯合，以儀式為基礎的古老社會聯合形式便遭到排斥。但古代遊戲痕跡依舊存在於行會中，比如講演、宴會、授勳、開幕式或狂歡等儀式活動。但這些逐漸遭到經濟利益的衝擊。

我們在13世紀的法國建築師維拉．德．奧納古爾（Villard de Honnecourt）在那本著名的速寫書中曾看到一個例子是描述兩項建築比賽。在「這個長老會管轄區」流傳著一個關於設計的傳說：「維拉德（Villard de Honnecourt）和皮埃爾（Pirre de Corbie）在相互爭辯中設計創想」。並且，為了達到不斷的活力，不斷嘗試，匠人們每天都在討論怎樣轉變整個建築業。

假如對這樣漫長的歷史並不瞭解，或許人們會將競爭性藝術保留至今的原因歸結於實用和有效的激發。把獎金分發給為市政廳的最佳設計或藝術學校的優秀學生的做法大概是想鼓勵創造或優秀人才。可是這些目標的背後隱藏著競賽最初的遊戲功用。當然，對於實用性在什麼情況下會戰勝論戰的激情，我們卻很難做合理評判。比如說，1418年，佛羅倫斯曾經舉行過以此設計聖瑪利亞大教堂穹頂的比賽，最終在14名參賽者中脫穎而出的是布魯內萊斯基（Brunelleschi）。可是，我們不能因此而將這個結果歸功於「功能主義」。此外，佛羅倫斯還在兩個世紀之前，對其為顯赫家族所建的「塔群」進行誇讚，並進行競爭和攀比。戰爭史者和藝術史者都不認為這些「塔」（torti）具有嚴肅的防禦性質，而是將其看做單純的「耀武塔」（Prunktiirme）。因為遊戲觀念在中世紀具有大顯身手的機會。

第11章

遊戲狀況下的西方文明

很容易就可以發現，有些代表文化歷程的遊戲因素是非常活躍的。在它的活動下，誕生了很多社會生活的基礎性形式。遊戲式的競爭精神作為一種社會驅動力，比文化更古老，更能作用到整個生活中。神聖的遊戲發展成為宗教儀式，而遊戲也發展為詩歌，並促進其發展，舞蹈和音樂也是屬於遊戲的範疇。智慧和哲學的表現形式是由宗教爭執產生的詞語發展而來的，遊戲也是貴族生活習性和戰爭規則的基礎。所以我們可以做出這樣的判斷：在最開始時，文明就是遊戲。可它與遊戲的關係與有別與嬰兒和母親之間的聯繫，它是作為遊戲的一種形式在遊戲本身中得到發展，卻從不會從遊戲中脫離出來。

如果我們把這個觀點看作是正確的，事實也確實如此，就會馬上出現一個問題：我們怎麼來證明這個觀點？是不是文明永遠都不會脫離遊戲的範疇了呢？我們怎樣才能及時分辨出那些比早期文化更加複雜、精緻的晚期文化中的遊戲因素呢？我們已經漸漸從古文化、18世紀和當代文化中發現了遊戲因素的證據。尤其是18世紀，簡直是一個遊戲因素和遊戲性橫行的時期。因為18世紀對於我們來說，就像前天一樣，我們怎麼會在如此短的時間內，將其精神淵源拋之腦後呢？我們的時代中還保留著多少遊戲因素呢？我們需要用答案來作為書的尾聲。讓我們關注一下來自羅馬帝國以來的西方文明的某一時期，然後從中尋找答案。

只要是將羅馬帝國的文化與希臘文化做比較，我們就應該多加注意。猛地一看，似乎希臘社會的遊戲特點要比羅馬社會多得多。我們可以將拉丁古風的本質概括為嚴肅、節制、正直、法律和經濟的務實主義，毫無趣

味的迷信和衰弱的想像力等。與此同時，稚嫩、鄉村式的文化則散發著爐火和泥土的氣息。羅馬文化在共和時期依舊是彌漫著一種濃郁的部落社會、氏族的味道。確實，它沒有脫離開遊戲的範疇。對國家的關心依舊帶有膜拜的所有特質：崇拜天才（內在精神）。而其宗教概念，無論是從想像還是從表達上說，都缺乏力量。隨時想要將任何一種主導思想進行人格化處理，這與高級抽象並無任何關聯，更像是孩童的原始思維。和諧（Concordia）、美德（Virtus）、豐富（Abundantia）、和平（Pax）、憐憫（Pietas）等不是發展程度很高的社會思想的產物，而是與權威進行商業合作，用以捍衛自身利益的一種最初的算不上精細的唯物主義思想。所以，不計其數的宴席在這種宗教保險系統中發揮了很大的作用。

羅馬人將這樣的儀式叫做ludi，這並不是偶然，因為它本質就是遊戲。遊戲因素在羅馬文明中很強烈，但是隱藏在宗教儀式性結構之中的，只有在該區域內，遊戲不會像在希臘或中國文明中那樣具有鮮明色彩，讓人產生無盡遐想。

羅馬繼承了已經消失的埃及、希臘文化和半個東方的繼承權，因而成為一個世界性商場和帝國。它是由很多其他文化所養育的。在驛路工程、法律和政府、戰爭藝術等方面，它已經發展的非常完善。他將藝術和文化完美的與希臘根基嫁接在一起。就算是這樣，這座政治建築的根基還是陳舊的。古老的儀式關聯依舊是國家的存在理由。最高權力一旦被政治野心家奪取，它的思想和人格會立刻轉變為儀式。他將變成上帝的化身、奧古斯都、稟承神聖權力者、和平的使者、救世主、佈施並保證舒適和豐饒的人。從統治者身上，我們看出原始部落對物質和安逸生活的迫切希望，因

此我們會將統治者看做是神性顯靈。陳舊的思想隱藏在閃亮的新衣下。為野蠻生活注入文化因素的英雄人物們在羅馬帝國剛復甦時被看作是赫拉克勒斯或阿波羅的形象。

已經擁有並已經在傳播這些觀念的社會從各個角度看，都是非常發達的。那些見識過希臘一切細膩的哲學、科學或趣味並開始懷疑一切的人們，經常對皇帝帶有一種膜拜心理。當維吉爾和賀拉斯用優美的詩句來描述這個歷史新紀元的時候，我們不由覺得他們是在與文化開玩笑。

國家絕對不會成為簡單純粹的功利主義機構。它的表現是短暫而多變的，就像窗子上的霜花一樣，曇花一現、無法掌控，而在類型上又和所有的表面現象產生有因果關係。從各種發源處進行延伸並從各個方向促進文化的發展，它的化身會出現在所謂的「國家」的權力集合體中。因此，國家尋找各種理由證明自己存在的必要，或許這些理由就隱藏在某個優越的民族或房屋的光榮中。國家為了揭示其幻想的本質，總會採用宣稱激勵的方式，有時會很荒誕，甚至到自殺的地步。羅馬帝國就是以此為目的，通過宣稱神權來掩蓋其非理性的特徵。它在社會和經濟結構上並不存在強大的力量。在城市中，集中著一套完整的政府、供給和教育制度，其目的是為了剝削貧民，從中牟利，而不是站在公社或國家利益的角度上。市政單位在古代時期，一向是一切社會文化、生活和理想的焦點，且一直流傳至今。至於是否存在合理性，統治階級和文化階層卻從不考慮。之後，皇帝們便瘋狂的製造城市，沙漠的邊緣地帶出現了一個個新建的城市，卻沒有人質疑這些城市是不是會發展為自然的有機組成部分或良好的民眾生活區域。當我們看到這些城市遺跡的時候，不由得問：這些豪華的城市，其奢

俗度是否和其文化功能相匹配？

　　從羅馬晚期的情況來看這些區域，不管它們的規模有多麼奢華，卻一直都沒有發展為商品或徭役流通的重要地帶，而古代文明也並沒有在這裡得到好的發展。相反，這裡成為奢靡之物的代名詞：神廟、行政機構或司法機構的大廳及大會堂（由於政治騷亂，經濟動盪正在逐漸退化並被城邦的奴隸制度扼殺）、任人唯親、野蠻遊戲的競技場、苛捐雜稅、表演血腥、徇私舞弊、放蕩的舞臺、崇拜疲軟的軀體甚於雄健的軀體的趨勢，這些都不能加固文化的發展。其中多數是用作娛樂、炫耀的。羅馬帝國像一個空殼一樣，已經被掏空了。那些遊手好閒的人用優美的文筆描繪的畫面向我們展現了一種富饒的場景。其實，這都是虛無縹緲的，經不起風雨和襲擊。國家連食物的供應都無法操控，漸漸元氣大傷。

　　這一切都被一種俗麗的光芒籠罩著。藝術、宗教和文學似乎總在抗議：羅馬及其後人，各方面都很發達，財富豐腴，安全健康，沒有疑慮。從中，我們看到一種傲慢的建築物語言：帶有壁畫和中楣的祭壇、廊柱，馬賽克鑲嵌畫、凱旋門、屋中的壁畫。宗教和世俗在羅馬裝飾藝術中得到很好的融合，並沉迷於仙境般優雅無害的小幅畫卷裡。從這些畫面中，我們彷彿看到一種魅力，不雄健，被花朵包圍著，受到諸神的保護。這一切的格調是優美而祥和的，寓意淺顯優雅。從這些畫面中，我們可以看到一種被現實壓迫而轉向田園，卻無法找到安寧的遊戲精神。遊戲因素在這其中表現的非常明顯，可他與社會結構的聯繫卻不夠緊密，文化也有所缺失。只有那些衰微中的文明才會發展出此類藝術形式。

　　皇帝們在制定政策的時候，也需要將國泰民安作為主要基礎。這個

政策的合理性只在很小範圍記憶體在，除了這個領域，我們還可以將其看做是什麼呢？當然了，征服新的地域所代表的是透過獲取新的供應地並擴展疆土，遠離容易受傷的中心地帶，從而保障了國家的繁榮和安全。奧古斯主張和平的政策是明確而合乎情理的。可是，實用性的動機依舊是為宗教理想服務。為了達到這個目標，有些方式是行不通的，比如說凱旋遊行、軍事榮耀和桂冠，真正有效的是天意賦予皇帝的神聖職責。凱旋（triumphus）的意思不僅僅是一次軍事勝利的莊重的慶典儀式，它是一個國家可以從緊張的戰爭中緩過來並繼續感受幸福的儀式。因為獲取勝利和保持榮譽是一切政策的根據，所以這樣好戰的思維方式已經充滿了整個羅馬帝國的機制。一切國家都宣稱自己已經經歷過為生存而鬥爭的戰役，這是非常光榮的。假如提到加利克和普尼克之戰（Gallic and Punic Wars），共和國提出這樣的聲明或許是合乎情理的。同樣，那些具有野蠻成分的國家或許也應該有這樣的權利。可是，好戰似乎並不是所有戰爭的最初動力。例如，比起飢餓和防守，對權力和榮譽的渴望就顯得更加強烈。

要想瞭解羅馬國家中的遊戲因素，我們可以關注一下麵包和馬戲（paneme et circenses）的呼聲。透過這一呼聲，我們所聽到的內容遠比失業者所要求的救濟和免費影票更多，其含義也更加深刻。倘若離開了遊戲，羅馬社會就無法生存。對他而言，遊戲就像必不可少的麵包一樣。因為這樣的遊戲是神聖的，所以人們遊戲的權力也變得非常神聖。它們的基本功能已經超越了對於已獲榮譽的慶祝，發展為通過這些儀式來鞏固它並為將來的繁榮提供保障。羅馬遊戲是偉大而血腥的，它是上古遊戲因素失去潛力後的蔓延。粗心大意的觀眾們很難發覺，一些宗教品德掩藏在它們

的表演中。如果是這樣,那麼皇帝的慷慨在很大程度上僅僅是向悲慘的無產者進行施捨。因此對於羅馬文化遊戲功能來講,其重要意義是:在不勝枚舉的根基容易動搖的新建城市中,大多建有圓形劇場,它們作為短暫市政榮耀的線索,在漫長的歲月中保留了下來。西班牙鬥牛文化是羅馬遊戲(ludi)的延伸形式,就算它在形式上不像今天的鬥牛,而是接近中世紀的錦標賽;然而,前者與古代角鬥士的親緣關係卻更加密切。

城市平民的財產分配並不是完全由皇帝來掌控的。在最初的幾百年中,來自五湖四海的民眾為了浴室、房屋、建築等展開競爭,為了新遊戲的建立和預備,以及為了食物分配而競爭,這些在後世的銘文中都有所記載。那麼,究竟是什麼力量推動著這些狂熱的活動呢?我們要按照基督教的慈悲而將這樣的慷慨看作是後者的先驅嗎?事實確實如此。可是,這種慷慨所想要獲得的目的及所採用的分配財產的方式卻是另外一回事了,我們是不是可以把它看作是當今社會中所提到的公共精神?不用懷疑,古代人贈予他人財物時所感受到的比起基督教的仁慈,更接近公共精神。甚至我們可以將這樣的精神看作是「散財宴」精神,這似乎更加合理貼切。為了超越並擊潰鄰人,為獲得榮譽而慷慨:這就是我們所看到的本質,並且我們可以將羅馬文明中一直流傳到現在的儀式本質看清楚,即爭鬥背景。

在羅馬文學藝術中,遊戲因素也是顯而易見的。首先是過於誇張的頌詞和空洞的修辭手法,其次是不能將其基礎結構有效掩蓋的表面化的修飾和柔弱的壁畫,以及無病呻吟的風俗畫(genre)。正是因為這些特點,羅馬晚期因此而變得輕浮。生活就像一種文化遊戲,宗教精神早已蕩然無存,留下來的僅僅是一種形式。一切深刻的精神將這一文化表層衝破,並

且紮根於各種秘教中。最終，當羅馬文明被基督教從教儀的根上斬斷時，很快它就枯死了。

　　殘留在拜占庭競賽場中的遊戲原則（ludi-principle）作為古羅馬文化中一個頑強的遊戲因素的奇怪證據，至今依舊存在。在基督教時期，賽馬一直是社會生活的關鍵點，雖然對賽馬的熱衷已經偏離了宗教儀規的初衷。在賽馬中，由血腥的決鬥而平息的公眾激情得到了基本的滿足。雖然賽馬並不神聖，但它依舊是如今最純粹的世俗樂趣，它一直有能力吸引到公眾的注意。從字面上理解，競技場（circus）一詞表示賽馬中心之意，也表示政治甚至宗教派別鬥爭的中心。眾所周知，賽馬協會是以身披四色的馬車駕馭者而聞名於世的，它不僅僅是競賽的組織者，還是一個政治機構。它們所組織的活動被稱為demes，其中的領袖人物被稱為demarchs。它們會在圓形競技場為凱旋而歸的將領舉行慶功宴，在那裡，皇帝將與重臣相見，有時，人們也會在那裡打官司。這種公共生活與度假相混雜的情況與曾對文化成長起到重要作用的古代遊戲與教儀的統一是沒有多少聯繫的。這只不過是衰落過程中，文明領域的小動作罷了。

　　我在其他地方已經不厭其煩的提及中世紀中的遊戲因素，所以在此，要想說清楚問題是不需要解釋過多的。顯然，遊戲因素充斥著整個中世紀的生活：人們帶著愉悅的心情進行遊戲，這是具有異教因素的，只是這種因素中已經不存在神聖的旨意，而只是一種滑稽可笑的鬧劇，或者是冠冕堂皇的、在宮廷戀愛中的世俗遊戲等。在這些形式中，除了曾經導致「甜蜜而新穎的風格」（dolce stil nuovo）和但丁《新生》（*Vita Nuova*）的宮廷戀愛以外幾乎已經不存在文化創造的功能。因為中世紀從古代經典中繼

承了哲學、詩歌、學術、軍事、典儀和政治的文化模式，而這些都是比較固定的。在很大程度上講，中世紀的文化是貧瘠的，但我們不能說這是原始的。整理遺留下來的東西，無論是古典的還是基督教的，都是它的任務，它會在整理後對其進行新的吸收。只要它不是建立在古代根基上，不是由希臘羅馬精神或經院哲學所引發，遊戲就可以在其中找到安身之所，它就可以做遊戲或進行創新。那些以凱爾特-日爾曼背景或更早一些的土著層次為基礎而建立的中世紀文明就屬於這類情況。騎士制度就是這樣建成的（雖然可能那個時期的學者是在特洛伊或其他古代英雄身上找到了這種例子），而許多封建制度也是一樣的。我們可以在超越古典時期的純上古歷史中找到騎士制度的創造、比武勛章、稱號的授予、宣誓、騎士勳位、采邑分封的源頭。在一切事物中，真正發生作用並具有創造性的力量其實還是遊戲因素。如果進行深入的研究，就將會體現出其他諸如法律和司法領域內利用象徵、嚴格的公式、規定的動作及某個詞語的具體發音的原因爭辯等手段可以產生功用。對此，我們可以舉一個例子，即完全超出現代思維理解力的，對動物進行起訴的情況。總之，中世紀受到遊戲精神的巨大影響，這是針對於對這種結構性具有表達和修飾作用的禮儀而言的，而不是針對其社會制度的內部結構。

讓我們來關注一下文藝復興和人文主義時期。假如曾經一個很瞭解自己價值的精英人物，他一直在找尋一種脫離庸俗群體的完美藝術遊戲生活，因此可以說在他身上我們看到了文藝復興精神。需要強調的是，遊戲與嚴肅性並不衝突。文藝復興並不以一種輕浮的精神為基礎。我們會懷著誠摯的心來追尋模仿古代的生活遊戲。在造型藝術和知性領域，我們

會發現，對過去理想的追求是如此熱烈、純潔、深刻。我們實在想像不出來還有誰的頭腦比列奧納爾多和米開朗基羅還要嚴肅。可是，整個文藝復興時期的思想態度，本質上是一種遊戲。這種在謹慎思考的同時，還自發的去對形式美進行追求的現象就是文化遊戲的一大例證。在我們眼中，文藝復興貌似一種披著理想主義色彩，莊嚴而肅穆的化裝舞會。那些神話人物形象、象徵和寓言只有上帝才可以看得懂，而他們卻承載著歷史和星相學的意義，就像我們手中的棋子一樣被來回移動。比起那些在手稿中猛然將笑料加進去的中世紀啟蒙者，文藝復興的建築和藝術更加具有遊戲性。對此，我們可以經由其建築和雕刻藝術中充滿幻想的裝飾或對古典母題的眾多運用來尋找證據。有兩個遊戲狀態是可以將其稱為遊戲的兩個黃金時期：騎士和田園生活。文藝復興是在文學和公眾節慶中漸漸蘇醒並重獲新生，我們實在很難找到有哪個詩人比阿里奧斯托（Ariosto）所體現的遊戲精神更加純粹了。文藝復興的所有語調和音調都體現在他的詩中。這種自由自在且絕對遊戲的詩歌在哪裡？應該存在於一個遠離塵囂卻又居住著生動活潑的人物空間中，他非常敏感而又飄逸的在怨恨和諷刺之間來回遊走，一切都包含在他那經久不衰、輝煌的歡聲笑語中，而這樣的笑聲卻正好見證了遊戲和詩歌的同一性。

　　假如你贊同筆者的說法，那麼比起文藝復興，「人文主義」所喚起的視覺更加暗淡，也更具有嚴肅性。就算這樣，我們對文藝復興遊戲性所作出的判斷也可以放在人文主義身上。在廣義上來說，對於初學者或「學問中」（in the know）人，它是具有局限性的。人文主義者們培養起一種生活理想狀態，即嚴格遵照想像所形成的各種要素。甚至，他們還進行創

新，用古典的拉丁語表達他們的基督教信仰。這不僅僅讓他們的信仰帶上異教色彩人們經常誇大這種異教傾向的重要性。可是，在人文主義者的基督教情感中，確實含有一些人為因素，甚至是一種不嚴肅的做作行為。他們說話的時候帶著並非來自於基督的腔調。喀爾文和路德也許無法容忍人文主義者伊拉斯謨談論神聖事物的語氣。伊拉斯謨的一生似乎都發射著耀眼的遊戲光芒。這些光芒表現在《愚人頌》（*Laus Stultitiae*）、《格言集》（*Adagia*）和《對話錄》（*Colloquies*）中。這些傳世著作都來源於希臘、羅馬文學中的格言警句，並帶有諷刺和幽默的評論。他無處排遣的快樂的睿智充斥在他不勝枚舉的書信及偶爾非常有分量的神學論文中。

從讓・莫利納（Jean Molinet）和讓・勒梅爾・德・貝爾熱（Jean Lemaire de Beiges）這樣的堂皇修辭家到薩納查羅（Sannazaro）或圭里諾（Guarino）這些在文藝復興過程中獨自綻放光彩的新牧歌的創作者。倘若誰可以見到這些詩人，一定會被他們身上的遊戲特點所震驚。又有誰身上的遊戲性比拉伯雷更強烈，他幾乎是遊戲精神的化身。《高盧的阿瑪迪斯》的故事中，純粹的笑劇代替了英雄冒險，而賽凡提斯則像一個魔術師一樣具有高超的眼淚和歡笑技巧。在納瓦羅的瑪格麗特（Marg uerite of Navarre）《七日記》（*Heptameron*）中，我們看到了色情與柏拉圖主義的怪異組合。大家都在努力讓法律看上去優美漂亮，就算人文主義的法律學派也是一樣。他們見證了時代的高度遊戲精神。

人們總在提起17世紀時將無限制拓展「巴洛克」（Baroque）一詞的含義看做是一種時尚。巴洛克已經將17世紀文明實質中大量的含混觀點都涵蓋了。這一風尚是從40多年前的德國學者開始的，並且主要透過斯賓格

勒的《西方的衰落》（*Decline of the West*）一書傳播開來。而如今，簡單說來，17世紀的每一門技藝或學識領域，包含詩歌、繪畫、政治學、文學等都需要與「巴洛克」的先入之見相符合。在17世紀初期，很多人用這樣的術語來指代人們沉醉在色彩鮮豔、朝氣蓬勃情景中的情形。此外，有些人也用它來代表華麗而莊嚴的17世紀晚期。然而大體說來，他將那些誇張的、讓人驚訝的、強加的、巨大的、不真實的視覺效果都喚醒了。巴洛克形成在這一詞最全面的含義上是藝術形式。就算是用來指代宗教和神聖的主題時，其中所隱含的美學因素也對主題產生了妨礙作用，最終導致後人不相信對主題的這些處理是來自於熱誠的宗教情感。

對於巴洛克這種將事情做過頭的一般性傾向，我們可以用創造衝動的遊戲性進行合理的解釋。如果想要理解魯本斯、貝尼尼（Bernini）和那位荷蘭詩歌王子胡斯特・馮。敦・馮德爾（Joost van den Vondel）的作品，我們需要做好聽出他們話外之音的心理準備。就算有人有反對意見，但這對於大部分的詩歌或藝術來講，或許都是真的。如果是這樣的話，筆者就可以將其作為證據來證明遊戲是非常重要的。總而言之，巴洛克把遊戲因素表現得淋漓盡致。

我們不應該去探求藝術家的體驗有多深遠，或者說藝術家準備將其作品打造的多麼嚴肅。首先，別人根本無法完全理解他的意圖和所表達的情感。其次，很多時候，藝術家的主觀情感都沒有那麼重要。藝術作品是具有唯一性的。比如說雨果・格勞修斯（Hugo Grotius）就是一個例子。他非常嚴肅，不懂幽默，酷愛真理。他獻給法國國王路易十三一件禮物，可謂是不朽的豐碑，即其代表作《論戰爭與和平法》（*De jure belli et pacis*）。

他在書的獻詞中稱讚路易十三具有四海皆知、不可估量的正義感，羅馬在他面前都會失去光彩。通過這些極其誇張的主題，可以看出這是巴洛克行為放縱。他的說法迂迴曲折，恭維的話也漸漸變多。而我們早已瞭解到格勞修斯和路易十三，知道他們性格懦弱並不那麼可靠。我們不由得想問：格勞修斯的話究竟是真的還是假的？當然了，答案是他一直在玩弄獻詞這一工具，而它是與時代風氣非常匹配的。

　　似乎沒有哪一個時代會如17世紀一樣具有明顯的時代風格。在當時的服飾中隱含著一種模式，人們用它來改造生活、思想或外在表現，這樣的做法是非常典型的，讓人震驚。沒有比巴洛克模式更適合它的名稱了。首先，我們應該清楚，在男式服飾中，這樣的風格要比女式濃烈，尤其是宮廷禮服。在整個時代中，男子服裝的變化是持續不斷的。他們變得越來越自然、簡單、實用。其畸形頂峰出現在1665年。馬甲變得非常短，最終只是蓋過腋窩。在馬甲和緊身褲之間，有四分之三的部分都屬於襯衫，而緊身褲竟然越變越短，越變越寬，最終到了無法識別的程度。莫里哀和另外一些人提到rhngrave時，描述道：「它看起來真的很像圍裙或是套裙。」並且很多人都這樣認為。在大約20年前，人們發現了這件褲子的真實樣品，它就被放置在一個英式的衣櫃裡。人們最終證實，它居然就是一條褲子。在這條奇怪的褲子上，綴滿了各種絲帶、緞帶和蝴蝶結。從與之相匹配的帽子、披風和假髮來分析，雖然這一切很滑稽，可是它在努力朝向高雅和華貴發展。

　　不管是在文明史上還是服飾史上，假髮都佔有重要的一席之地。在這方面，最能夠說明文化衝動的遊戲性的就是17、18世紀人們對假髮的熱

衷。如果將18世紀看做是假髮時代，就明顯暴露出歷史知識的匱乏，因為17世紀，假髮更加流行。如果這樣，就更加令人費解了。17世紀是倫勃朗和彌爾頓、海外殖民、艱辛的航海、冒險的貿易、科學的繁榮和偉大的道德家的時代，同時也是笛卡爾、巴斯卡和史賓諾沙的高度嚴肅的時代，竟然還是假髮流行的時代，這多麼諷刺啊！通過繪畫作品，我們可以看到，短平頭在20年代轉變成了長髮，到18世紀中葉後，假髮變成了想做貴族、戰士、紳士、僧侶、律師、商人和議員的人的必備之物。甚至連海軍都對假髮產生炙熱的追捧。到了60年代，假髮迎來了它最絢麗最鼎盛的時期，也就是所謂的Allonge或叫披肩長髮。作為一種時髦，假髮的發展速度達到頂峰，很多人無法想像到那是一種多麼誇張，讓人震驚，甚至可以說滑稽的事情了。

可是，我們不能僅僅是譴責或嘲笑它，我們應該關注假髮的這種瘋狂的流傳。當然，我們的出發點一定要以下列事實為基礎：在30、40年代，長髮是對大多數男人提出的比造化還要高一層的要求。當一個人對頭髮的密度不是很滿意時，就會傾向於選擇假髮這個替代物。之後，這種潮流轉變為一種模仿。可是，一旦假髮在社會中普遍傳播開，其目的就不再是偽造頭髮，而是成為個人風格的重要組成因素。所以，似乎我們從剛開始就將其看作是一種藝術作品來談論。假髮像畫框，將人的臉部輪廓包起來，其實，畫框與服飾上的假髮是同一時期產生的。他可以起到將臉分離開的作用，提升臉部魅力，讓人看上去散發著一種貴族氣息。所以，它可謂是巴洛克的巔峰時期，在Allonge式長髮中，保留著高雅的基調，且尺寸變得非常誇張，體現了一種不做作而非常威嚴的偉大，同時可以將年輕的路易

十四身上的風格和時代特色表現得淋漓盡致。然而，我們每一位美學家都應該承認，假髮可以達到以假亂真的地步：Allonge假髮是一種應用藝術。可是，我們應該明白，當我們將目光放在這個時代的肖像畫時，他所給我們帶來的是美好的幻想，而這種感覺比藝術本身還要生動，甚至強於同代人。因為除去了骯髒的側面，也就是讓人感到厭惡的一面，因此這些版畫和繪畫是被粉飾過的現實。

假髮這股潮流之所以引人注目，不僅僅是因為它是病態、麻煩和不自然的。還因為它持續了半個世紀之久，這本身可以說明它不僅僅是一種幻想，同時它逐漸脫離了頭髮的自然生長並越來越像一種風格。這一風格的傳播途徑一共有三種：捲髮、染髮粉或髮帶。度過了世紀的交界點，人們開始只佩戴被染成統一的灰色或白色的假髮，而褐色、金色或黑色的假髮被迫退出市場。或許，我們再也無法找到導致這種著色習慣和心理的根源。可是，我們可以確定的是，比起真實的人，肖像要漂亮的多。因此，假髮在大約18世紀中，演變成一種規範性的頭飾，也就是將前面的頭髮紮起來，將耳朵邊上的頭髮燙成小波浪，然後用絲帶將頭髮綁在腦後。人們將所有模仿自然的藉口都放棄了，因此假髮演變成一種裝飾。

另外，還有兩點值得注意。女人只有在需要的時候才會戴假髮。可是，從總體來看，她們的髮飾風格與男子相似。發展到18世紀末的時候，竟然達到一種隨心所欲的地步。此外，雖然有些底層的民眾用其他材料或紗布模仿這一時尚，但假髮王國從來沒有達到絕對的程度。然而早在17世紀，當這一時尚被古代戲劇所推崇，當所有的悲劇角色都佩戴著假髮的時候，我們也會經常看到披著一頭自然長髮的青年俊俏男子，尤其是在英國

更為突出。筆者覺得，這意味著這個時代隱藏著一股追求自由、隨性和冷漠的逆流。從華鐸（Watteau）開始，從對做作和僵化所展開的戰役與所有樸素事物對前者的清算充斥著整個18世紀。在這裡，我們所凸顯的是浪漫主義和盧梭主義的萌芽。我們將開展一項主要的工作，即在其他文化領域中尋找並研究這種傾向，同時我們也將澄清遊戲的眾多關聯事物。可是，我們會被這樣的研究引的太遠。對於假髮的論斷或許是有利於說明整個現象是文化遊戲因素最讓人驚歎的一個例證，這已經足夠了。

　　法國革命為假髮的流行敲響了警鐘，而假髮風尚卻沒有因此而停止。沒有人再去研究過在這之後假髮和鬍子的發展，於是我們也就只能將其擱置在一旁了。

　　假如我們在巴洛克時代中發現了遊戲因素的影子，那麼我們就有必要關注一下之後的洛可可（Rococo）時期。這個術語的適用範圍得到了大幅度擴展，或許在英語中情況會更好，比起大陸語言，英語的語義是比較明確的。可是，就算洛可可是用來體現一種特殊的藝術風格的，但因為它與遊戲及遊戲因素之間有各種複雜的聯繫，所以它成為這一特殊藝術的定義。此外，在藝術「風格」這個觀點中，難道就不存在對於遊戲因素進行預設的情況嗎？難道一種風格的產生不是一種追求新形式的思想領域的遊戲活動嗎？與遊戲相似，風格也產生於節奏和諧、規律性反覆和變化、抑揚頓挫的語調等。時尚和風格之間的關係遠比美學家所認為的更加緊密。審美衝動與外在情感在時尚中摻和在一起：虛榮心、對快樂的渴求、驕傲等，而審美衝動在風格中的結晶形式是比較單純的。然而除了日本，風格和時尚及因此而產生的藝術和遊戲之間的聯繫，似乎不像在洛可可中

一樣緊密。不管我們想起的是華鐸和朗克里特（Lancret）的畫，一件邁森（Meissen）瓷器，或者是自維吉爾以來聞所未聞的田園牧歌，18世紀的房間內景，在情緒不穩定的時候將印度人、土耳其人及中國人寫進文學的這種對異國情調的無端癡迷，所有的一切總會給我們一種遊戲的感覺。

然而在18世紀，這種遊戲的品德尤為突出。這個時代充滿了政治、陰謀和秘密小團體互相對抗的景象，產生了像阿爾貝羅尼（Alberoni）、里佩達（Ripperda）和科西嘉國王希歐多爾·紐霍夫（Theodore Neuhoff）這樣的人物。此外，從來沒有哪個時代的治國之道像18世紀一樣像一場公開的遊戲。大臣和王子們即無所不能，又不負責任。他們可以隨心所欲的在國際法庭上進行發揮，他們會在任何情況下隨意用國家做冒險的賭注，微笑著打出文雅的手勢，就彷彿他們在下一盤棋一樣。對於歐洲來說，幸運的是有一些因素限制了他們鼠目寸光的政策，比如，破壞工具的相對低劣及通訊的緩慢。可是，憑心而論，這種政治遊戲產生了這種結果，已經夠糟糕了。

我們可以在文化領域中見到各種野心勃勃的攀比，這樣的情況一般出現在秘密社會、俱樂部、藝術小團體、文學社團、各種集會或圈子、兄弟會等地方。其自願結合的焦點在於對利益或職業的渴望。古玩和自然史曾經在某一個階段迎來瘋狂的流行，並不能說這樣的衝動毫無意義。相反，那種沉迷於遊戲的熱忱（elan）對於文化而言恰恰有很大的好處。在文學和科學的論爭中，隨處可見遊戲因素的影子。這樣的論爭對於世界名流來說，相當於一種高級的職業和娛樂項目。豐特奈爾（Fontenelle）為之創作《有關世界多樣性的談話錄》（*Entretiens sur la pluralite des mondes*）的有

名的讀者群針對某一個歧義點進行了分離和重新組合。似乎整個18世紀文學都充滿了遊戲形象和傀儡形象：無趣的道德說教和毫無意義的寓言。蒲柏的《頭髮遇劫記》（*Rape of the Lock*）是一部機智而人性的傑作，看來也只能是在這個時代產生。

我們這個時代，在很晚時候才承認18世紀的藝術處於很高的層次。在19世紀，人們已經喪失了在18世紀時對遊戲品德的感知且無法看到隱藏在遊戲背後的嚴肅性因素。維多利亞時代的人在洛可可優雅、豪華和曲線中，無法找到隱含在直線下音樂性的裝飾，卻只發現了乏力和做作。他們無法理解在這奢華的外表下隱含的是追求自然的時代精神。只是，有一種風格存在於這種追求中。他們拒絕接受這樣的實際情況：裝飾在這個世紀的大量傑出建築作品中，從頭至尾都沒有破壞建築之間的節制性和嚴肅因素。所以，這些線條保持著原有的和諧比例，依舊顯得高雅莊重。幾乎沒有哪個時代的藝術在平衡遊戲和嚴肅性方面，可以做到像洛可可藝術一樣優雅，他可以將音樂和造型藝術完美的結合在一起。

在前文中，我們曾經說起過，遊戲機能最高級、最純粹的表現方式就是音樂。我們將遊戲內容和審美內容的完美平衡看作是18世紀音樂最大的意義似乎也是合情合理的。作為一種純粹的聲學現象，音樂在很多層面上都得到了提高。新的樂器產生，老的樂器改進，最終的結果是，樂隊的音量提高到最大，音調也被拓寬了。在音樂方面，女聲的表演佔據了重要的部分。樂器越是超越專為人類所設計的音樂，它作為一門藝術的地位就會就越重要，而與語言間的聯繫也就越弱。這是由生活的世俗化不斷加強並促成的。為了音樂而音樂的那些音樂實踐活動發展成一種規範性的職業，

雖然這是專門為了宗教形式和節慶為目的而創造的，所享受的名聲與當今的音樂也不處於同一水準。

可見，18世紀中音樂裡的遊戲成分及其作為一項社會遊戲的各種功能也漸漸被人所認識。然而，它的審美內涵中到底存在多少遊戲成分呢？如果想要找到準確的答案，就需要對之前所提出的論點進行詳細的研究，那就是音樂本身就是一種遊戲的表現形式。音樂必須建立在自願接受和嚴格執行一套規則性的系統：音調、諧音、時間、旋律等。這些就算我們拋棄了熟知的規則時也是同樣的。對於一個熟悉各地音樂區別的人來說，音樂價值的因襲性是非常明顯的。我們找不到一個統一的聲學原則來將西方音樂和中國音樂，以及爪哇音樂聯繫在一起，或者是將中世紀音樂與現代音樂放在一起。通常情況下，每個文明時代在音樂方面都有獨特的習慣，而我們的耳朵也只能適應一種它所熟悉的聲學模式。所以，我們需要更新收集新的論據來證明音樂內在的各種差距。也就是從本質上說，音樂是一種遊戲，是一種契約，只有在規定的範圍內才會生效，其目的除了帶來放鬆、快感或精神的提升之外，別無他物。它需要一種相對緊張的訓練，可以進行精準判斷的規則；事實上，每一種音樂都可以說自己是世界上唯一一種合乎美的標準。從中我們可以看出其典型的遊戲特性。因為它具有遊戲特質，所以比起其他的藝術，它的原則要更加嚴格。規則中的任意一個不足之處都會給遊戲帶來毀滅性的打擊。

古人非常瞭解，音樂是一種神聖的力量。音樂是一場遊戲，並能激發人的情感。到後來，人們將其看做是一種對生活的重要補充及表達方式。簡單說來，就是藝術這個詞是現代意義上的一門藝術。甚至人們對音樂情

感功能的理解在18世紀這一音樂發展的鼎盛時代，顯然會有些許不足。例如，盧梭在解釋音樂的時候，膚淺的將其看作是對自然聲音的模仿。此外，之後的諸如音樂心理學等，也許會經由18世紀中遊戲在音樂中體現的內涵及音樂本身內涵之間的平衡來表達以上的觀點。在音樂中，似乎是不由自主的，非常自然地包含著所有的情感成分。甚至是巴赫和莫札特也不容易意識到自己所追求的不過是一種高尚的消遣方式：即亞里斯多德所說的diagoge，也就是純粹的消遣。難道不是因為這種崇高的天真讓他們在一個完美的層次上展翅飛翔嗎？

　　或許，在否定了洛可可之後的時期內，遊戲品德的細節會看似比之前合理。新古典主義和最初的浪漫主義所能引發的是憂鬱、沮喪的視覺形象，無法擺脫令人悲哀的嚴肅因素。因此，遊戲似乎被排除在外。可是認真研究之後，情況卻並非如此。假如說有一種風格和時代精神在遊戲中產生，那麼一定是在18世紀中期。而新古典主義，歐洲精神漸漸將注意力放到古代，並把他當做理想的發源處而一直追溯。直到在古典中發現某些符合特定時代的因素為止。龐貝（Pompeii）從墳墓中及時的發掘出新的課題來豐富已經變得開始冰冷、如寶石一樣文雅並光滑的時代。在18世紀這一充滿遊戲因素的時代，亞當、韋特伍特和弗蘭克斯曼的古典主義誕生了。

　　浪漫主義有很多聲音和面孔。我們可以將這個興起於1750年左右的運動或潮流看作是一種傾向。他試圖將一切感情和審美生活都轉化到理想化的過去中，那裡的所有事物都是沒有結構的，是神秘、恐怖而模糊不清的。這種思想的理想空間的建立其實也是一個遊戲過程。可是，事實並非如此簡單。我們的確可以發現，浪漫主義這種文學或歷史事實是在遊戲中

誕生的。賀拉斯・沃爾波爾（Horace Walpole）的信件為其提供了出生證明。經過認真研究，我們清楚的看到，如果說浪漫主義確實有父親的話，這個被稱為浪漫之父的傑出人物無論是從觀念還是信念上，都保存著極端的古典主義特色。他的作品《奧特蘭多的城堡》（*Castle of Otranto*）是發生在中世紀背景下的第一本不算太完善成熟的驚險小說，其中任性和「憂鬱」（spleen）的成分各占一半。在他眼裡，那些被塞在草莓山上的古董及被稱作「哥德式」（Gothic）的東西根本不是藝術，也不是什麼勝蹟，只是單純意義上的「奇異之物」（curiosities）。他本人是游離於所謂的哥德主義（Gothicism）之外的；他將其看做是不值得一提的小東西，並且鄙視它。而他的這種做法，也不過是對情緒和幻想的一種玩弄。

在哥德風狂熱出現的同時，在歐洲生活和文學中，還出現了一種感傷主義，並佔據了重要的位置。這樣的情況竟然持續了四分之一個世紀甚至更長時間，而在當時的情況下，思想上的行動似乎已經遠離了悲情的女主角。比起12、13世紀的宮廷式戀愛，這樣的形式簡直是太合適了。整個上層社會在這些情況下似乎都受到了關於愛情和生活的做作、奇怪的理想的影響。當然，18世紀的傑出人物不是從貝特蘭・德・伯恩（Bertran de Born）到但丁的封建貴族世界可以比得了的。感傷主義融入了最初的一個文學集團中，且資產階級顯然已經代替了其中的貴族。所有的時代理想和教育幻想都被涵蓋在其知識體系中。儘管這樣，他們還是有驚人的相似之處。從繈褓到墳墓，個人的所有情感都被融入到某一藝術形式中。所有一切都是以愛情和婚姻做核心的。在婚姻和幸福方面，沒有哪一個時代可以比得上18世紀那樣具有強烈的理想化特點，愛情要麼就是沒有結果，要麼

就是在終結之前委曲求全。可是，浪漫主義作家與吟遊詩人有所不同，他們將真實的生活因素摻雜在理想中，例如，教育問題，當時有很多都被報導過的父母與孩子的關係、喪失的描寫、病床上的激奮、腐爛和死亡：這些對於讀者來說，早已是常有的事。

在什麼程度上這些東西才是「真誠」的呢？是早一個世紀的人文主義者還是18、19世紀的浪漫主義者或是敏感者更熱忱的體會到時代的風格？可以確定的是，比起哥德式藝術的教徒將他含混不清、具有夢幻色彩的過去作為準則，前者將古典理想作為準則的信念更加堅定。當歌德在《死亡之舞》（*Totentanz*）提到骷髏在月夜下站在墓地上迎風起舞的細節時，他也只是在做遊戲而已。雖然是這樣，筆者依舊認為感傷主義更加深入與徹底。在17世紀，一位來自荷蘭的貴族為了坐著或站著畫肖像畫，身著他所想像出的「古風」服飾，他明白自己是想打扮成一個古羅馬的長老。不必懷疑，他一定會依據自己的服飾所要求的市民德行來規範自己的言行。然而就算是歌德，也是在其《死亡之舞》中遊戲，茱麗葉和維特的讀者們在生活的時候也會以感傷主義為自己的理想，然而他們總是可以獲得成功，也就是說，感傷主義是一種比人文主義者的西塞羅式和柏拉圖式姿態及其在巴洛克時期的繼承者更真誠的一種模仿。

可是，讓生活與思想去適應感情密碼的努力並沒有到達極致。個體生活及當代歷史不斷的從各個方面將理想拋之腦後。與純粹文學感性的培養方式有所不同的是，感傷主義進行自由遊戲是要受到各方面限制的，比如只有在昏昏欲睡的家庭生活情境下及對自然的關注遊戲讓自然變得狂野時才會有機會實現。

越是與這個時代接近，就越難客觀的對我們文化衝動的價值進行評價。我們的疑惑也會漸漸增加，比如在追求一份職業的時候，我們是應該抱著遊戲的心態，還是應該真誠一些？與疑惑相伴的是那種虛偽的讓人不自在的感覺，似乎我們只懂得弄虛作假。可是，我們不能忘記，嚴肅性與虛假之間的不平衡也是組成文化的重要部分，而在儀式和宗教深處也隱藏著一些遊戲成分。所以我們總是有求於這類持續的含混性；只有在非儀式性的文化情境中，他才會給我們帶來麻煩。誰也不能妨礙我們將自身帶有的明顯的嚴肅性因素的文化當做是一種遊戲。可是，因為浪漫主義及相關的運動是由儀式中產生的，所以我們在評估的時候很容易受到含混性因素的攻擊。

似乎遊戲在19世紀根本找不到存在的位置，而當時的主流則是與遊戲背道而馳的。就算在18世紀，實用主義、世俗功利和資產階級社會福利的理想對於巴洛克來說都是至關重要的，已經對社會產生了腐蝕作用。而工業革命及其技術層面上的建樹更加鞏固了這個結果。工作或生產發展成整個時代的夢幻，最終竟然發展為偶像。整個歐洲的工人都身著鍋爐工人的服裝。自從那天，文明的主導變成了教育追求、社會意識和科學判斷的集合體。因為工業動力領域內發生了從蒸汽到電力的轉變，因此這成為太陽能開發的堅實基礎。因為這是與社會和現實脫節的，所以錯誤的概念在短期內得到了迅速傳播，最終周圍的人也開始相信：世界的進程是由物質利益和經濟力量所決定的。這樣過分強調經濟因素的做法是非常荒謬的，而引發這一切的根源就是人類對於技術進步懷有一種崇敬的感覺。這本身是因為理性主義和功利主義擯棄神秘感，從罪孽中將人拯救出來的直接結

果。可是他們卻沒有及時從愚蠢和短淺的目光中抽身出來，而人類似乎只習慣於按照自己慣有的作風和模式來改變世界。

　　以下是19世紀所發生的最糟糕的場景。不管怎麼說，這些主流思想對社會生活中的遊戲因素並不能起到良好的促進作用。不管是自由主義還是社會主義，都不能給予它有利生長的因素。對於科學、實驗、哲學、競技、改良主義、宗教和國家的分析和研究都是非常嚴肅而嚴格的。甚至連浪漫主義奉為「第一高雅而不經意的狂喜」，這一藝術形式和文學也已經耗盡最後的力量，他與遊戲之間的關係是不太受他人歡迎的，而這一聯繫也漸漸消退了。自然主義、現實主義、繪畫、文學、印象派等比較愚蠢的派別比起其他模式，更加缺乏遊戲成分。比起19世紀自命不凡的嚴肅性，沒有哪一個時期可以和其相比。文化中已經沒有了「遊戲」成分，人們也不再想讓自己的打扮變得帶有理想色彩。在法國大革命之後，人們的裝束不再有那些富有想像力的奇特風格。這也是遊戲因素衰落的一個明顯的標誌。在很多地方，長褲是漁夫、水手和農民的代表服飾，卻突然在紳士們之間流行開來。同時還有那種比較野性的髮式，也是當時革命時代精神的體現。婦女們也開始將頭髮披散下來，這樣的現象我們可以從謝寶（Schadow）為普魯士的露易絲王后（Queen Louise of Prussia）所畫的肖像中找到。

　　早在拿破崙時代，軍人的服裝是奢華而浪漫的，根本不實用。一時間，奇裝異服開始流行，但隨著那個時代滅亡，它們也消失殆盡。從那以後，男人的服裝變得單調，缺少樣式和色彩。那些穿衣打扮比較高雅的紳士們突然變身成嚴肅的公民。從這一點上講，它們再也沒有戰士、英雄和

顯貴的特色了。在這之前，大禮帽是莊重嚴肅的代表物，在這之後，竟然變成了小丑的裝飾。遊戲因素在男子服裝中的位置是經過輕微的放浪後才真正確定的，比如與以往相比，襯衫護頰、緊身褲這樣細微的變化，開始成為一種跨越行為。除此以外，服飾的蹤跡除了在晚禮服上保留，最終都慢慢消失了。暗淡耐用的蘇格蘭布代替了華麗的針織品，而所有鮮豔的色彩也都不見了。燕尾服曾經是紳士衣櫥中的必備之物，如今也被夾克衫所替代，最終變成了侍者的服飾，結束了幾個世紀漫長的歷史。男子的服裝除了運動以外，已經停止了改變。假如你穿著1890年的衣服出現的話，別人對你的印象頂多只是為你做衣服的裁縫手法比較奇怪而已。

男子服飾的民主化或平民化是有其重要意義的。其中隱含著法國大革命後思想和社會的各種變化。

婦女服飾，或者說是婦女服裝（因為能夠代表文明的一般是上層階級）並沒有像男子服裝那樣走向暗淡平庸。對於女士服裝而言，審美因素和性吸引力是非常關鍵的，這就造成了女子服裝和男子服裝的發展不可能是同步的。可是，我們不一定會注意到女子服裝的發展是遵循著一條不同的道路的。值得我們關心的是，雖然女子服飾中的奢華和不實用從中世紀以來就受到人們的嘲諷，它們的改變在這一時期內遠遠比男子服飾低得多。我們可以研究一下1500年到1700年這一階段：男子服飾一直在變化，而女子服飾則比較平穩。簡而言之，我們希望看到以下的場景：因為女性服裝會遵循體面的原則，而對太鬆、太短、太低樣式的抵制又限制了長裙和緊身圍腰這類女性服裝在基本結構上的變化。女性服裝的樣式直到18世紀末才開始真正的「遊戲」起來。在羅馬時代，開始流行高聳的髮髻，而

在不拘小節、滿臉疲憊、長髮披肩這些現象中，浪漫主義也在慢慢生長。奇怪的是，比起裸露手臂，裸露肩膀的習慣要早幾個世紀，關於這一點，我們可以從中世紀道德說教家對此事的嚴厲控訴中找到證據。女性服裝的變化頻率和廣度從督政府時期開始超越男性服裝。除非在我們返回到古代，1860年有撐架的女裙和與之相伴的裙撐，幾個世紀前的人竟然一臉的驚訝，表現出一無所知的神態。之後，服裝潮流伴著新世紀的到來而漸漸走向新的道路，將婦女服裝帶回到一種簡單和自然的風格中，而這些風格早在1300年就已經消失了。

第12章

當代文明的遊戲成分

我們不要再浪費精力來討論「當代」到底是什麼意思。我們所談到的任何時代都已經成為過去了，過去的時間越久，它就顯得越發的支離破碎。年輕人總是將其看作是「從前的日子」，而對於年長者來說，這些卻都是自己生活的一個重要組成部分。不僅因為他們還保留著相關的回憶，還因為他們受到當代文化的滋養。個人對事物的認識處於新舊層面，決定了他們擁有不同的時間感，而他也正好是從那一代走過來的。對於「現代」和「當代」觀念的區別，凝聚歷史的心靈要比短視者看得更加清晰。所以，我們所說的「當代文明」一定是包含19世紀。

我們禁不住問自己：我們所處時代的文明對於遊戲形式的發展已經到了什麼程度？對於分享這一文明之人的生活，遊戲精神又會發揮何種作用？據我們瞭解，比起其他的時代，17世紀中的遊戲成分明顯減少，而這樣的局面到底是在加劇還是在減緩？

乍一看，對於現代生活中缺乏遊戲成分，我們可以找到很多補償的方法。作為社會功能的體育和運動，正在被更多的人所接受，並在民族之間拓展出新的空間。

我們已經明確，在任何文化中，技巧、力量或任性的比拼都是至關重要的，或者是單純的娛樂、節慶，或者是典儀。封建社會對於比武大會（tournament）的態度是認真的。其他的都是平庸的再創造行為罷了。因為在比武大會中含有戲劇性的表演和帶有貴族氣息的修飾，他只是在實踐戲劇性的一種功能，所以我們不能將其稱作是比賽。參與其中的只有數量有限的上層人物。教會是造成中古比賽生活單一性的最大因素。對於比賽

中有組織的踐行和身體的訓練來說，基督理想並不是最好的生存土壤，除非前者對於貴族教育可以發揮良好的促進作用。文藝復興中有很多為了追求完美而健身的例子，不過只是針對個人而言，並沒有擴展到團體中。人文主義者強調學識、改革或反改革雙方強調的道德熱忱、強調莊嚴睿智的精神等，對於身體舊有的消極評價來說，有著鞏固的作用。一直到18世紀末，人們還在抑制將遊戲和身體看做重要文化價值的想法。

　　當然，在各個時代中，運動性比賽的形式都是非常相似的。在一些形式中，整個競賽的本質目的是考驗力量與速度。例如，滑雪比賽、舉重、潛水、射擊、馬車等。在很長時間內，人們依舊對此表現出濃厚的興趣，不過他們還是具有一些有組織的比賽特點。假如人們把鼓勵他們進行比賽的競技原則（agonistic principle）熟記在心中，他們也會毫不猶豫的賦予他們帶有遊戲含義的稱呼。這其實是很嚴肅的。可是，其他的比賽卻沿著「運動」（sport）的方向進行發展，如球類運動。

　　我們所關心的是，這些偶然帶有娛樂成分的形式漸漸轉向有組織的俱樂部或系統性的比賽。透過17世紀的荷蘭圖畫，我們可以確定，農夫或市民對於高爾夫（Kolf）遊戲帶有濃厚的興趣；可是據筆者所知，從來沒有哪個俱樂部將遊戲作為競賽來玩。顯然，只有當兩個團體進行對抗性遊戲的時候，才有可能發展為這種固定的組織。對於大型球類遊戲來說，固定的隊伍是必備的因素，這也就是現代運動的起源點。在相互競爭的學校、集會、城鎮之間，漸漸發展出這一進程的萌芽。雖然我們不確定是什麼原因讓人們把盎格魯-撒克遜的心靈偏好堪稱是有效的，但重要的是，人們

對於起源於19世紀英格蘭的這一過程看作是重點。毋庸置疑，就這個過程而言，英格蘭社會生活的結構起到了很大的推動作用。對於協作和團隊精神，地方自治政府表示非常支持，對於體質鍛鍊的場合和需要而言，沒有強制性的軍事化訓練反而是件好事。與此同時，教育的獨特形式也是沿著這樣的方式來進行的。此外，對於遊戲來說，鄉村地勢平坦，是最合適的場所，這都是非常關鍵的因素。這樣說來，英格蘭就是現代運動生活的孕育地。

遊戲（games）在運動（sport）外觀上，自從19世紀的最後二十五年起，已經越來越趨向嚴肅性，其規則也漸漸變得嚴格。比起之前可以接受的水準，紀錄的標準要變得更快、更長、更高。人們都明白，19世紀上半葉的那種風格愉悅的版畫，所體現的是那些頭戴高頂絲帽的板球手們。事實已經在我們面前，一切都不必多言。

如今，純粹遊戲的某些品德隨著運動不斷的系統化、體制化，已經漸漸消失了。這一點，我們可以經由對業餘和職業的正式區分中（或率直地說成是：「紳士和選手」），看得非常清楚。這代表著被遊戲團體指定的那些玩（playing）的人不再具有遊戲特性，比起真正的遊戲者，他們的層次要低一些，而能力卻要高些。真正的遊戲精神再不是職業化的精神了，它喪失了自發性和關心投入（carelessness）。對業餘者也是巨大的影響，從一開始他們就有一種自卑感。無論是職業還是業餘，運動都已經不再屬於遊戲的範疇，變成了一種與眾不同的事情，既不是遊戲，也不是很嚴肅。在當代生活中，在文化之外，運動依附著文化也佔有一個位置。而

大型比賽在古代文化中依舊是一種神聖的節慶，並且是一種不可缺少的、健康的、可以讓人感到愉悅的活動。如今，這個典儀的侷限已經完全被解開。運動劃入世俗的領域，不再神聖，並且脫離了社會領域，即便是受到了政府的控制，情況依舊是如此。在體育領域，現代社會的技術能力得以展示，卻無法改變以下的情況：所有的形式都無法將運動提升到文化創造的水準上，比如奧林匹克運動會、國際比賽等有組織的運動。或許這對於觀眾來說是重要的，但依舊沒有結果。經歷了這麼久，古老遊戲因素似乎已經枯萎。

這一觀念似乎是和大眾感受相背離的，他們總將運動看作是我們文明中的遊戲成分，是神聖的。可是，這是一種錯覺。我們為了強調「過分嚴肅性」（over-seriousness）這一致命的轉換，必須說明的是，他也傳染了非體力性遊戲——其中計算佔據主要位置，如棋牌遊戲。

在很早的時候，人們就已經知道各種各樣的桌上遊戲，有些甚至是存在於原始社會，或許是因為機遇性的特徵而變得異常重要。不管是技巧性的還是機遇性的遊戲，其中都隱藏著嚴肅的成分。在這裡，快樂的遊戲情緒並沒有施展的餘地，尤其是幾乎不存在機遇性的西洋跳棋（draughts）、國際象棋、跳棋（halma）或西洋雙陸棋（backgammon）等遊戲中。這些遊戲都隱藏著我們在開篇所標明的遊戲定義。

只是，公開性在近期侵佔了他們，將其納入到體育範疇內，對於不瞭解這行的人來說，舉行公開性的比賽，並將成績登記下來，還要用文字形式進行報導，這是多麼滑稽的事啊。

與棋戲所不同的是，牌戲中一直隱含著機遇性，並由此而進入到賭博的範疇，這種形式對於俱樂部生活或公開性的比賽來說，就不太適合了。而那些含有智力性的遊戲在協作方面，具有很多可能性。而正是在這個範圍內，會轉化為嚴肅性，甚至過分嚴肅性的可能。牌戲從17、18世紀的三人牌戲（ombre）和四人牌戲（quadrille）發展為惠斯特（whist）和橋牌，所經歷的過程是漸漸受到限制的。在人們眼中，只有橋牌可以稱作是巧者。讓橋牌成為死板正經之事的是叫牌手冊和職業訓練體系。據近期一篇報導，卡爾布森（Culberson）賽年度獲勝者所得的獎勵將達到20多萬美元。這件事刺激了人類的心理，促使橋牌流行起來。人們重視的是那個並不重要的巨額獎金的兌現，而不是最終的結果。

　　這場並不適當的活動對於整個社會而言，既沒有害處，也沒有好處。看來，我們很難將這樣的活動稱作亞里斯多德意義上的莊嚴的娛樂——diagoge。擅長橋牌，只是一項技巧，對於我們來說並無多大的意義，它會進一步讓人的心性單一化，對心靈來說，財富並沒有增加。它會讓智力變得僵硬或渙散。筆者覺得，或許智力被應用得更加糟糕了。透過橋牌在當代社會中的位置及其他的表現，我們可以發現遊戲在當今社會佔有很大的比例。可是，這只是表象。人們在面對真正意義上的遊戲時，應該會像個孩子一樣。我們確定像橋牌之類的非自發性遊戲也是一樣的嗎？假如不是，那遊戲已經失去其應有的德行（virtue）。

　　如果把遊戲放在現代生活中進行評估，那麼所得出的結論一定是矛盾的。在運動過程中，我們所看到的遊戲活動只是名義上的，遊戲精神一度

受到技術組織和周詳安排的衝擊，甚至面臨滅絕的危險。和這些極其嚴肅的潮流相反的卻是另一種景象。有些活動是以物質利益領域為整個存在理由的，在最開始的時候與遊戲並無關係，卻漸漸發展出我們所指的遊戲作為它的第二特點。透過運動和體育，我們可以發現，如果在遊戲中加入了嚴肅性，就讓會讓他看起來像遊戲，而嚴肅的事變成遊戲之後，其嚴肅性卻不會消失。因為競賽習慣是強大而有廣泛影響的，這些現象之間是有實際關聯的，雖然比起以往，存在形式上的差別。

貿易和生產的統計數額成功地把這一運動成分引入到經濟生活中，結果幾乎每一項商業或技術的成功都具有比賽性質的某一方面：最高營業額、最大噸位、最快航渡時間、最高飛行高度等。在此，某種純粹的遊戲成分多於功利效用的考慮，因為專家告訴我們，小一些的飛機輪船比巨機巨輪更適於長程運行。商業事務成了遊戲。這個過程甚至使某些大企業著意關注，它們為了生產，還把遊戲精神向工人灌輸。潮流現在逆轉了：遊戲成了商業事務。對競賽原則進行促進和刺激的行為，似乎是想把整個世界推回到遊戲最開始的地方，並且使遊戲的各種外在因素從文化中脫離開，然後獨立。可是，通訊（communications）讓人類的交流變得非常方便。技術、宣傳、風尚等到處都在宣揚競爭精神，並為競爭精神大範圍的提供各種手段和方式。原本商業競爭是不屬於神聖遊戲範疇的，而當貿易領域發生這些變化時，（人們努力奮鬥，而不是欺騙鄰家）遊戲形式隨之產生。商業上的競爭隨後促使了貿易慣例的出現。直到晚近，它的本質依舊是原始的，只不過因為現代通訊的迅猛發展，才漸漸變得深奧。在商業

競爭中，有一種遊戲成分在很早時候就自然的融入其中。

　　統計數字，也就是貿易紀錄以一種超越了運動生活的觀念對商業起到刺激作用。一項紀錄（record），從字面上理解，就是備忘錄，飯店老闆在牆上潦草的記下一些事情，紀錄某個旅行者或騎馬者是從多遠的地方到達這裡。這一運動成分被貿易和生產的資料統計引入到經濟生活中，最終導致的結果是幾乎任何商業和技術的成功都具有比賽的性質：最大噸位、最高飛行高度、最高營業額、最快時間等等。在這裡，比起功利性的考慮，純粹遊戲的成分要居多，專家說過，對於遠距離行駛來說，小型飛機輪船要比巨機巨輪要好的多。因此，商業活動也變成了遊戲。在這個過程中，大企業非常注重這一因素，為了刺激生產，他們還向工人灌輸遊戲精神。因此，反了過來，遊戲成為一種商業事務。某工業鉅子被鹿特丹商學院授予榮譽學位時，說了如下的話：「自從我剛進入商業領域起，商業就已經是銷售部門和技術人員之間的比賽。技術人員試圖增加產出，銷售部門卻在銷售過程中遇到困難，而當銷售旺季的時候，技術人員的動作又沒那麼快了。一切陷入一種競爭狀態：有時這個快，有時這個慢。我和同伴們總是把商務看作是遊戲，而不是一項艱苦的任務。同時，我們也常向工作人員灌輸這種遊戲精神。」

　　當然，對於這些話來說，一定要有所保留。可是依舊有很多這樣的例子，在大公司內部，會形成特殊的運動社會（Sports Society），並為人們灌輸這樣的工作思想：不要太考慮職業能力，而是應該看是不是適應這項足球運動（的協作性）。就是這樣，機器被來回的發動。

當代藝術中的遊戲成分要比貿易中多一些。在第10章，我們曾努力澄清過，在創造或製造藝術品時，整個過程中不缺乏遊戲特性。在繆斯藝術、音樂中是顯而易見的，對他們來說，強大的遊戲成分是一種基礎性的、本質性的元素。我們發現遊戲感與裝飾的形式在造型藝術中是有緊密關聯的。也就是說，在心靈與手自由活動的時候，是遊戲功能在起主要作用。因此他們用傑作或規範的表現來維護自身，這種tour de force（力氣活兒），實質上是在技巧或能力上的博弈。當下的問題在於，自18世紀末之後，藝術中的遊戲成分到底是變得更多，還是更少？

隨著時間的推移，藝術非功能化日益明顯，並且漸漸成為一種由「藝術家」來獨立完成的工作。在這方面最具代表性的例子是：版畫超過了寫本細密畫和彩飾畫及帶框油畫超越了鑲嵌畫和壁畫。在文藝復興時，這樣的變化同時也從社會轉化到個人身上，漸漸明顯的是，建築師並不以修建教堂或宮殿為主要工作，而是致力於建造民宅，他們的重點不再是華麗的堂館而是客廳和臥室。因此，藝術發展為個人化的行為，變成獨立的，個人及趣味的活動。同樣，室內樂這種原本只是為個人審美而設置的形式也開始流行，變成一種公開的藝術形式，其地位更加重要，表達也更加濃烈。

這種變化不僅僅停留在形式上，還深入到藝術功能和鑑賞的層面。人們越來越看重藝術，將其看做一種高妙而獨立的文化。在18世紀時，藝術屬於這類價值中的附屬品，藝術就像特權階級生活中的一種飾品，讓人稱讚的是其審美的愉悅感，然而，人們依舊用宗教的術語來描述藝術，或者

將其看作是某種擾人心緒的好奇心。藝術家的地位只是藝匠，屬於僕從，而學者或科學家則屬於高一等的層次。

在18世紀中期，在審美刺激下，發生了大變動。浪漫主義和古典形式應運而生，而前者的力量是非常強大的。這些變動的結果是導致審美愉悅大幅度上升，並替代了宗教，成為一種潮流，因此成為文明史上重要的一節；我們只能指出從溫克爾曼（Winckelmann）到羅斯金（Ruskin）及後來者的這條藝術宣揚者的暢達路線，而無法充分論述這個關於藝術被昇華的過程。在這一變化中，藝術欣賞和崇敬只存在小範圍內。直到19世紀末，廣大群眾才觸及到藝術欣賞。這其實要歸功於照相術的發展。公眾開始愛好藝術這件風雅之事（bonton）。人們開始意識到藝術家是上等人物，並開始接受他們，因為公眾總會受到強烈勢力浪潮的影響。與此同時，創造性的動力被追求原創新的癲狂心境扭曲了。因為人們太過於追求新奇的形式，導致藝術滑入印象主義的惡性循環，變成一種浮誇，甚至是20世紀的毒瘤。對於現代生產技術的不利影響，比起科學，藝術顯得更加敏感。廣告、機械化、情感販賣對於藝術都採取抬舉的心態，因為這是它最直接有效的市場規則，並讓一切有價值的技術擁有了選擇的自由。

面對這種情況，我們沒有權利去提及當代藝術中含有多少遊戲成分。藝術從18世紀以來，因為被看做是一種文化因素，而體現在遊戲上便是失去的多於得到的，那麼最終的結果是失還是得呢？人們總是被誘惑著去感受音樂，就像我們平時所做的那樣，對於藝術層面的涵義及創新性的美來說，並沒有什麼大的覺悟，這對藝術來說是幸運的。當藝術發覺自己是高

雅的時，一些永恆而又比較童真的東西就容易丟失。

　　當然，站在另外一個角度，我們可以這樣認為：因為我們將藝術家的謀生方式看得比普通人高，因此無形中加強了藝術的遊戲成分。藝術家作為一個上等人物，要求普通人對其作品抱有崇敬的心理。為了讓人類理解他們境界的高超，他們希望出現與其志趣相投的人群，希望公眾可以尊敬他們，而面對公眾的茫然無知，他們會表示理解，並且做出必要的姿態。對於現在的藝術來說，秘傳主義（esotericism）是非常必要的。如今，一切秘傳主義都有相應的慣例：我們作為「秘傳會員」，對於對待事物的方式都表示贊同，我們尊崇並理解它。也可以說：秘傳需要一遊戲共同體，而這它一定是沉靜在自身神秘性之中的。遊戲共同體存在於以「主義」（ism）做結束記號的情景中。可是，現代的公眾機制是透過藝術批評、各種講演來的方法來刻意提高藝術的遊戲特質的。

　　如果說想要確認在現代科學中存在遊戲成分，則是另外一回事了，因為我們將面臨種種的困難。在藝術範疇內，我們會把遊戲看做一種經驗型的素材，從而總結出公眾認可的特質。而在進入科學領域之前，我們則要推翻所有的界定，並且重新做研究。假如我們將科學放到遊戲的情境中，將其看做是以某種目標為主導，發生在特定時間內、遵循一定規則的活動，那麼我們所得出的結論會讓人驚訝：一切科學學術領域內的歧義，都只不過是遊戲的各種形式，都是在一定的領域中進行的，要受到各種規則的限制。可是假如我們堅信我們的論斷是正確的，那麼我們馬上可以發現，這項被我們看作是遊戲的活動，不僅僅需要規則和各種限制。我們提

到過，遊戲受到時間的限制，它與外界是不產生關聯的，它本身就只是自己的目的，甚至支撐它的是某種渴望快樂的心理，它的目的是在緊張的生活中找到放鬆的方式。這些論斷與科學都是不相關的。

科學不單單以有用性作為基礎，而尋找和現實的結合點，這樣一來，他是帶有應用性的；並且，它一直致力於建立一種具有普遍意義的現實模型，也就是「純正的科學。」與遊戲不同，它的規則並不是在所有時候都不會受到衝擊。它會受到經驗和衍生變化的影響，而遊戲的規則卻是不能改變的，否則，對於遊戲本身是一種破壞。

所以，「一切科學都是遊戲」這樣因小聰明而得來的結論會被我們拋棄。然而有一個要求依舊是合理的，那就是研究一下科學在自身領域內是不是鍾情於遊戲。例如，科學家鍾情於系統，其實就類似於遊戲。因為古代科學是建立在缺乏令人滿意的，實驗結果的基礎上，因此，我們無法想像它可以得出讓人信服的概念。雖然觀察或計算是其軟肋，但我們不能排除其中的多變性因素。它可以將經驗進行細緻分析，儘管這只是之後所產生的理論興趣，而其過程還顯得生疏。而遊戲則出現在之後的空白領域中，這也正好證實了遊戲的存在。

舊式法學家和語文學家在這個問題上，都曾受到各種責難。看來，人們喜歡搬弄語源學的喜好是從《舊約》和《埃達》時開始的。面對這種有趣的遊戲，他們的知識竟被好奇心所超越。這是真實的，不難理解，像模像樣的佛洛伊德術語（Freudian terminology）被人們油滑運用，會導致心理學派步入歧途。

科學家或愛好科學的人，除了會耍一些小聰明外，由於競爭因素做怪，還會走上遊戲的道路。雖然在科學領域內，競爭不像在藝術領域一樣被經濟因素影響；可是，比起美學領域，其科學文明的邏輯發展與辯論關係要密切的多。在前文中，我們針對科學和哲學的起源問題，進行了種種的討論，發現他們有共同的起源：古代比賽。就像某人所說的一樣，科學是好辯的。但這傳達出一種不好的訊息：人們會爭著去發明創造，並透過演示實驗來打擊對手，而這樣的現象在現實中是隨處可見的。而真正擁有真理的人，不會將戰勝對方作為自己的終極目的。

因此，我們可以作出如下判斷：雖然現代科學是在嚴格要求下進行的，卻避免不了進入遊戲領域。而在古代一直到文藝復興時期，這種現象尤為嚴重。在當時，無論是科學思想，還是科學方法，都體現出一種遊戲特質。

雖然有很多東西沒有提到，但對於研究現代藝術和科學中的遊戲成分，我們所進行的觀察已經夠了。我們一心想要研究另一個層面，如今，已經只剩下對現代社會生活，尤其是研究遊戲在政治中所占的比例了。那麼，讓我們來確定兩種錯誤的理解，從而讓自己的立場更加堅定。

首先，我們會用遊戲來掩蓋社會或政治目的。在這裡，我們指的是虛假的遊戲，而不是關於本書主題的，永久意義上的遊戲。

其次，我們會發現這樣的問題，他們具有的是遊戲的表徵，而有些人卻膚淺的將其看作是永恆的遊戲，實際上，這樣的趨勢是不存在的。現代生活受到了某些品行的支配，而這些品行則是與遊戲存在共同之處的，它

們漸漸強大，讓我們誤以為遊戲因素也日益發達。我們大膽地將這些混合著青春期魯莽和殘忍的特性稱作是「幼稚主義」（Puerilism），這一品行在二、三十年來已經日益強盛。

雖然這些文明領域曾受成年人的管轄，而如今卻被這種類似於青春期的心理和行為所統治。這些品性與世界一樣，非常古老；然而，不同於後者的是，他們以殘忍作為標榜，已經統治了我們大部分的文明領域。處於這一群體中的習性，或許是強大而讓人恐懼的，很多幼稚主義開始生根發芽：穿戴證章和各種政治性裝飾與制服、以行軍佇列或某種特別的步伐行走、空冗散漫的集體性巫魅和宗教儀式、大喊大叫或種種慶賀呼號。

有很多行為在深層次的心理水準上是與其相似的：群眾集會的歡欣、群眾示威、遊行、粗糙的感覺論及對淺薄娛樂的貪求等。本來社團俱樂部是一種歷史悠久的機制，然而假如整個民族都成為社團，那就會變成一種災禍，因為它不僅會催生出友誼或忠誠等特質，還會發展出狹隘、宗派意識、不信任或自高自大的品行，而這些東西會因為團體意識或自愛的錯覺而被保護。除此之外，我們也能看到，很多民族將榮譽、幽默感、禮貌、平等等品行都拋之腦後。面對這些世界範圍內文化的虛幻性擴張，如果要究其根源，不僅僅是那麼簡單；除此之外，產生作用的還有：沒有受到良好教育的公民卻湧入跨國交流，人們對於技術的發展產生懈怠心理等。

現在讓我們舉一個例子，來證明官方的幼稚主義。經由分析歷史，我們發現，這代表著革命的熱忱。當時，政府經常用名稱來玩九柱戲，比如人名、日曆、城市名稱、機構名等。

《真理報》（*Pravda*）報導過這樣一件事，庫斯克（kursk）地區的三個集體農社因拖緩運送穀物，地方蘇維埃要將它們原先的命名「布迪尼（Budenny）」、「克拉普斯卡婭（Krupskaga）」和「紅色谷地」，改名為「懶漢」（Sluggard）、「怠工者」（Saboteur）、「無所事事」（Do-Nothing）。

雖然這樣的過分狂熱引來的是來自中央委員會的冷漠態度，這些令人生厭的綽號並沒有實行。因此，幼稚主義的態度並沒有得到有效的傳播。

與此所不同的是貝登堡勛爵（Lord Baden-Powell）的偉大改革。他將盡可能的將青少年社會力量組織到一起作為最終目標，試圖讓情況得以好轉。因為這件事的基礎是對心靈或未成熟人群的深入研究，所以這並不屬於幼稚主義。同樣童子軍運動（the Scout Movement）也是經由遊戲形式來展現自己。在這裡，我們有一個關於遊戲的案例，在這個時代所承認的範疇內，它與古代時期文化創造的遊戲有所類似。可是，當童子軍主義介入到政治領域而漸漸衰落時，我們忍不住想研究，如今所流行的幼稚主義到底是否含有遊戲功能。乍一看，答案好像是肯定的，而筆者在其他研究中所得出的結論也是一樣的。我們現在得出另一個結論：根據我們對遊戲的理解，幼稚主義與遊戲之間是存在區別的。我們並不是將孩子的遊戲看作是一種幼稚。假如，當今時代的幼稚主義是一種自發的遊戲，那就意味著文明再次回到令人欣慰的古風形式，那是一種風範、真實、禮儀、完美的再創造。而當一個社會迅速的進入奴隸狀態時，有很多人卻誤認為是太平盛世的到來。我們可以肯定，這些人的想法是錯誤的。

我們的結論越來越顯得悲觀了，自全盛的18世紀以來，文化中的遊戲成分就開始漸漸衰落。今天的文明已經不是遊戲了，就算是遊戲，也只是虛假的形式。筆者想說，它在玩假（plays false），而想要辨別出遊戲的起迄都不太容易，尤其是政治領域。不久以前，在議會民主形式的政治生活中，還存在毋庸置疑的遊戲成分。近期，因為學生所寫的論述英國和法國議會辯論的論文，筆者對這一主題的觀察又推進了一步。

從文章中可以看出，下議院的辯論自18世紀末開始，就是以遊戲規則或真實的遊戲精神來進行的。對於遊戲者來說，個人競爭總是會有巨大的影響作用，他們會進行比賽，以戰勝對方為最終目的，而不含有要以所有的嚴肅性為國家利益著想的觀念。近期，在英國或參考英國模式的國家中，公平遊戲依舊是議會民主制的情緒和方式。因為存在夥伴間的情誼，所以心存敵意的雙方在辯論後依舊會友好的攀談。這體現了一種「紳士協定」（Gentleman's Agreement）的風範。假如人們都沒有注意到「紳士」這個詞語的潛在含義，這樣的聚會就不可能愉悅平和了。無須懷疑，至少在英國，就是這樣的遊戲成分，讓我們的生活變得快樂，雖然在近期人類對此的做法是濫用。因為政治機器下的人際關係具有通融性，允許人們進行遊戲，所以氛圍得到緩衝。否則，情況就會變得十分危險：因為幽默感會因此而被毀壞。而遊戲因素在目前選舉機制中的作用，我們就暫且不進行論述了。

這樣的情況在美國政治中更加明顯。兩大團體的產生比兩黨制要早得多，對於一個局外人來說，很難看出二者的差別。當時，美國的選舉已經

漸漸成為一種國家級別的遊戲。之後的選舉也是以1840年的總統選舉為基礎的。在輝格（Whig）黨派的候選人中有一位非常卓越，即哈里森將軍（General Harrison），他是在1812年出名的，可是他們缺乏政治綱領。他們的運氣非常好，導致他們獲勝的是一些象徵性的符號：作為老軍人退隱時的優雅住所的小木屋。在1860年的選舉中，投票任命的呼聲最大，這是使得林肯（Lincoln）就任掌權的決定性因素。在美利堅民族中，隱含著濃濃的美國政治情感：在美國人的生活中還保留著狂放不羈的、真誠的拓荒生活。當然也有很多可愛的因素存在於美國的政治中，有一些東西是自發的、充滿活力的，我們從中看不到操練著的騎兵，而當代歐洲的景象是非常糟糕的。

雖然在國內的政治領域中，可以隨處都可以看到遊戲的影子，然而乍一看，遊戲似乎並不能在國際關係領域中立足。可是，當暴力和危機在國際關係中處於最低的臨界點時，就不能排除遊戲的可能性。就像我們在各種案例中看到的一樣，遊戲總會轉化為殘酷的血腥行為，而且也會轉化為虛幻的遊戲。在這方面，一切遵守法律規範的集團或國家集團都會不同程度的擁有遊戲的共同特質。維持國家之間的國際法則是公認的，在實施中類似於遊戲規則的原則，雖然這些可能是以高深的理論為基礎。如果不是這樣，人們就沒有必要建立「必須遵守規則」的原則，透過這一原則，我們可以確定，整個國際法體系正是因為這個原則而變得可信。如果其中的某一方不再承認這種默契，這個國際法體系就會土崩瓦解，就算是暫時性的。除非另一方力量非常大，強大到可以揭露「破壞規則的敗興者」。

在任何時候，國際法都需要以法律之外的原則進行維護。比如說道德形象、榮譽等。歐洲的戰爭規則是由騎士制度的那套榮譽代碼（the code of honour）產生的，並且一直都有效。國際法中規定，作為戰敗方，他應該表現的足夠優秀，像紳士一樣履行應該盡的義務。國際慣例規定，在進入一國之前，一定要經過正式宣戰，雖然對此，入侵者經常視而不見，經常在不宣戰的情況下進入目標地或殖民周邊。可是，戰爭直到近期依舊被看作是一種高貴形式的遊戲：即在國王們之間進行的遊戲，而完全遵守規則的這個特點則保留並有賴於戰爭全盛時期的遊戲成分。

在當代德國政治文字中，有一個政治行話：「das Eintretendes Ernstfalles」，它涉及到和平與戰爭的轉折。簡單來說，就是「突然發現的嚴肅事件」。對於真正意義上的軍事術語來說，這確實是正確的。和軍事操練或作戰演習相比，戰爭確實帶有嚴肅性質。可是，德國政治學家的意思不僅僅是這樣。從「Ernstfall」這個術語中，我們清楚的知道，外交政策只有在當雙方真的處於對峙狀態的時候，才會是嚴肅的，也算達到其應有的效果。戰爭是國家與國家之間真正的關係。對於戰爭而言，外交只是間歇或序曲，只不過它依舊存在於協定和談判中。很多人都相信這個可怕的信條。信奉這一信條的人會將備戰與戰爭的形式看做是嚴肅而神聖的，他們會否認戰爭與遊戲、競技之間的邏輯關係。他們告訴我們，或許在原始時期，競技的因素是有效的，事實也確實如此，但事到如今，戰爭不再是一種野蠻的競賽，而是建立在和平友好基礎上，並受到這個原則的控制，這是存在民族與國家之間的真正關係的。所有其他的集團，要麼是敵人，

要麼是朋友。

　　當然，敵人不是inimicus抑或是你憎恨的、非常邪惡的人、敵人只是hostis，只是你團隊之外的陌生人。可見，這一觀點是不主張將敵人看作是競爭者或對手。敵人只是你路上的障礙，所以一定要除去。這個關於將敵人意識進行簡化的觀點是非常粗糙的，它幾乎將敵對關係統一降低為一種機械關係。如果說我們想在歷史上找到與此相似的情況，那就是原始部落之間的競爭。就像我們所看到的，人們將遊戲的成分大大的扭曲了。文明應該讓我們越過這個時期，然而從施密特（Schmitt）對於敵友原則的粗劣觀念中，我們卻可以看到人類的思想在日漸衰落，而我們卻從未見過這樣的景象。他的那些思想甚至與現實邏輯脫節，因為和平才是真正嚴肅的，而戰爭卻並非如此。戰爭或與之相關的所有事物都存在於那種既非是人，也不是神的遊戲情感當中。如果想要獲得人性的尊嚴，就一定要超越這樣讓人感到悲哀的敵友原則。而施密特的觀點是對嚴肅性的玷汙，所造成的結果是讓我們倒退回野蠻時代。

　　在這裡，遊戲與嚴肅之間讓人費解的對立狀態再次凸顯出來。我們開始漸漸相信高貴的遊戲是文明的土壤，如果說文明中有莊重和風範，我們就不得不重視遊戲因素了。在考察國民關係的過程中，一定要存在適當的遊戲規則，如果國家中各民族的關係僵化，社會就會變得混亂不堪。可是，我們必須承認，在現代戰爭中，存在一種古老的「遊戲戰爭」（playing at war）的競賽心態，很多人都希望從戰爭中謀求一些榮譽。

　　我們面對一個困難，那就是站在現代戰爭的角度，它已經與遊戲脫離

了關係。那些自稱文明程度很高的國家已經不是禮儀之邦，卻大言不慚的聲稱自己「pacta non sunt servanda（不必遵守規則）」。這樣一來，國際法中的遊戲規則就被他們破壞了。在這個層面上講，那些利用「遊戲戰爭」來奪取名譽的行為，已經不再是真正意義上的遊戲了。其實，他們只是在玩弄戰爭的遊戲概念罷了。在現代政治中，就算不是真正的備戰，而是高級備戰，也幾乎不存在遊戲態度這一因素了。人們拒絕規定的禮法，將比賽規則棄之不顧，隨意的踐踏國際法，同時，將古代戰爭與慶典、宗教間的關聯統統摒棄。可是，古代競賽的態度依舊出現在執行戰爭政策或實施戰爭的過程中。正如內維爾・張伯倫（Neville Chamberlain）在1939年9月1日所說的，我們可以透過戰爭中的威脅、挑戰、斥責、激怒等因素，發現戰爭或說那些產生戰爭的政策，其實是一種賭博。所以，儘管表面上看南轅北轍，可戰爭依舊屬於遊戲的範疇。

這是不是就表示戰爭依舊屬於遊戲呢？並且在俘虜、被壓迫者，或者為了爭取自由或權利的人的眼中，也是同樣呢？因此我們的頭腦中出現了關於戰爭是遊戲還是帶有嚴肅性質的元素這個問題。讓它變得嚴肅的正是行為道德的內涵。當戰爭中含有倫理意義的時候，它的性質就不再是遊戲了。而有一些人不承認倫理標準的有效性和自身價值，所以總是陷入這樣的兩難困境中。因施密特所承認的因素也因為這一公式——戰爭是「突然發生的嚴肅事件」而變得正確了。可是，這與施密特的本意相差很遠。實際上，他本人的觀點有點類似於入侵者的觀點，並沒有受到倫理思考的約束。事實上，在文化遊戲及比賽這份最初的土壤中，依然存留著政治和戰

爭的影子。假若想讓人們認識到世界上存在比自我、集體及國家利益更加重要的目標，只有達到社會的政治化，大於真正的嚴肅性才可以越過戰爭的「遊戲」（the『play』of way），就需要透過一種超越了敵友原則的道德本性來做基礎。

因此，經由以上論述，我們可以得出這樣的結論：遊戲是文明不可或缺的成分，因為文明本身就有局限性能力，在這一能力的基礎上，不應該將自身的發展方向和最後的目標混為一談。而是應該清醒的認識到自己受到某種公認規則的限制。從某種程度上來說，文明是要在一定規則的基礎上進行的遊戲，而文明的真正本質是公平遊戲（fair play）。在此，公平遊戲的含義至少是在遊戲術語範疇內與公正信仰（good faith）相似的內容。所以說，人們欺騙的或毀壞的都是文明。如果想成為文化中的創造性力量，就必須保證遊戲中的這一成分是純粹的，絕對不能撇開理性、信仰或大家公認的標準。它必須是實實在在的，而不是虛假的，不能將遊戲的錯覺作為一種虛偽的政治企圖。真正的遊戲，其目的就隱藏在自身當中，而不需要過分的宣揚，它之所以讓人幸福，就是因為其平和的精神。

說到這裡，我們從頭至尾都是將注意力放在遊戲概念之上的，它是以人們對遊戲特性的普遍認識作為基礎的。我們要避免將遊戲放在哲學範疇內進行簡單概括，並將一切人類行為都看作遊戲。因此，我們要將對遊戲的討論放在日常生活範疇之內。而如今，即將收筆之際，我們卻要再次研究一下這個問題。

古希臘早期傳統中的赫拉克利特說過：「他把所有人類間的事物都稱

為孩童間的遊戲。」我們要將柏拉圖的一段深奧的觀點拿出來修飾這一句類似銘文的言辭。我們曾在第1章提到過這句話：「雖然我們沒有必要用嚴肅的態度去對待人類的事務，但還是要去嚴肅的看待，而幸福卻是另一回事了……我覺得我們應該用嚴肅的態度去對待本應該嚴肅對待的事務，而不是反過來。與嚴肅性相配的是神，而人只是神用來玩耍的玩具，這對人類來說，也是好事。如此一來，每個人都應該多進行高尚的遊戲，使其心靈達到一種前所未有的狀態。他們以為戰爭是嚴肅的，雖然戰爭中並沒有遊戲成分，也沒有哪種文化可以被稱作是遊戲，而這在我們的心中才是最嚴肅的。所以，我們應該讓一切都變得平和。那麼，什麼是生活的真諦呢？生活應該像遊戲一樣，當一個人在唱歌、跳舞、遊戲、獻祭的時候，對眾神來說，是一種慰藉，而他本人也可以確定自己的位置，對敵人進行有力的反擊，贏得比賽的勝利。」

那麼「我們在生活的時候，應該遵照自己的本性，既然人在很大意義上來說都是一種玩偶，那麼所擁有的真理自然也是有限的。」柏拉圖的同伴說道：「假如你這樣想，未免把人性看的太過糟糕。」柏拉圖回答道：「請不要見怪，我之所以這樣想，是因為看到了神，心中萌生了這樣的想法。如果你不同意，人性確實也沒有這麼糟糕，還是值得我們研究的。」

人類的精神要想脫離遊戲的惡性循環，就只能奮力朝自己的目標前進。對此，邏輯思維是無能為力的。仔細研究人類精神中的財富或成就，我們會發現，有很多尚未解決的問題存在於嚴肅判斷的深處。我們明白，我們所作出的判斷不可能是完全正確的。而當我們開始懷疑自己所作的

結論時，我們也開始懷疑世界是嚴肅的這個論斷。古人云：「一切皆是夢。」隨後，在我們思想深處，出現一個更加明確的結論：「一切都是遊戲。」這樣的比喻是廉價的，體現了人類精神世界的貧瘠。而這也是柏拉圖所指的「人類是神的玩偶」所衍生出的結論。這一思想在聖經《箴言》中反覆出現「智慧」說道：「主據有我在造化之初，在創造萬物之前。從亙古，從太初，未有世界之前，我已被立，我在他那裡工造萬物：日日為他所喜愛，總在他面前遊戲；在世界中遊戲，而我的喜悅將與世人同在。」

　　什麼是遊戲，什麼是嚴肅？這兩個問題曾一度在我們腦海中來回翻滾，讓我們不知所措。這時，我們應該回到倫理學領域中，並找到令邏輯思維感到無奈的焦點。我們在開篇時講到，遊戲並不存在於道德範疇之內。它既不屬於善，也不屬於惡。可是，假如我們想要區分開一種受意志驅使的行為到底是合法的遊戲還是嚴肅的職責，那麼道德就會馬上列出相關的標準。當我們行動的決心受到真理、正義、寬恕或同情的影響時，我們所急於研究的問題就會變得沒有價值。當正義、神恩、信仰和道德的良知中湧現出一絲憐憫，我們的理智和邏輯就會被超越。那麼，困擾我們已久的問題就會變得悄無聲息。

海鴿 文化出版圖書有限公司
Seadove Publishing Company Ltd.

作者	〔荷〕約翰・赫伊津哈
譯者	王倩
美術構成	騾賴耙工作室
封面設計	ivy_design
發行人	羅清維
企畫執行	林義傑、張緯倫
責任行政	陳淑貞
出版	海鴿文化出版圖書有限公司
出版登記	行政院新聞局局版北市業字第780號
發行部	台北市信義區林口街54-4號1樓
電話	02-27273008
傳真	02-27270603
e - mail	seadove.book@msa.hinet.net
總經銷	創智文化有限公司
住址	新北市土城區忠承路89號6樓
電話	02-22683489
傳真	02-22696560
網址	www.booknews.com.tw
香港總經銷	和平圖書有限公司
住址	香港柴灣嘉業街12號百樂門大廈17樓
電話	（852）2804-6687
傳真	（852）2804-6409
CVS總代理	美璟文化有限公司
電話	02-27239968 e - mail：net@uth.com.tw
出版日期	2023年06月01日　一版一刷
定價	380元
郵政劃撥	18989626 戶名：海鴿文化出版圖書有限公司

成功講座 392

遊戲的人
Homo Ludens

國家圖書館出版品預行編目資料

遊戲的人/約翰.赫伊津哈作；王倩譯.--
一版，--臺北市 ： 海鴿文化，2023.03
面 ； 公分. －－（成功講座；392）
ISBN 978-986-392-482-1（平裝）

1. 文化人類學　2. 遊戲　3. 哲學

541.2101　　　　　　　　　　　112001280

Seadove

Seadove

Seadove

Seadove